1989

Luxembourg

Das Großherzogtum   The Grand Duchy   Le Grand-Duché

Editions Guy Binsfeld

europäische Hauptstadt oder Provinzort, Festung oder offene Stadt, Handelsplatz oder Touristenzentrum... Luxemburg schwankt zwischen den Extremen. Nur wenige hundert Meter trennen die Ruinen des 1000jährigen Bockfelsen von den modernen Betonblocks der Bankzentren. Vom historischen Stadtkern am Fischmarkt aus sieht man die Verwaltungstürme der Europäischen Gemeinschaft.

Europa... Wirft man einen kurzen Blick auf die Geschichte der Stadt Luxemburg, dann versteht man, welche Bedeutung ihre Einwohner diesem Wort beimessen. Lützelburg

uropean capital or locality of a province, fortress or open city, commercial or tourist center... Luxembourg hovers between these extremes. The vestiges of the thousand-year-old rock of the Bock are only a few hundred meters from the concrete towers of the banking center. From the historic city center of the Marché-aux-Poissons one can see the administration towers of the European Community.

Europe... Someone studying the history of the City of Luxembourg will understand the importance that its inhabitants attach to that word.

apitale européenne ou localité de province, forteresse ou ville ouverte, centre commercial ou touristique... Luxembourg hésite entre les extrêmes. Les vestiges du rocher du Bock millénaire se trouvent à quelques cent mètres seulement des tours de béton du centre bancaire. A partir du centre-ville historique avec le marché-aux-poissons on peut voir les tours administratives des Communautés Européennes.

L'Europe... Si l'on survole l'histoire de la Ville de Luxembourg, on comprend l'importance que ses habitants accordent à ce mot. A l'origine,

Luxemburg. Stadtansicht von Michel Engels nach Joan Bleau, 1649(Amsterdam)
View of Luxembourg by Michel Engels according to Joan Bleau, 1649(Amsterdam)
Vue de Luxembourg par Michel Engels selon Joan Bleau, 1649(Amsterdam)

1795: Die Franzosen belagern Luxemburg
1795: Siege of Luxembourg by the French
1795: Siège de Luxembourg par les Français

Die Corniche, ein Wall aus dem späten 17. Jahrhundert
The corniche, a rampart from the late 17th century
La corniche, un rempart de la fin du 17e siècle

gehörte ursprünglich zum Römisch-Deutschen Reich und zum Herzogtum Niederlothringen (und stellte damals sogar fünf deutsche Kaiser), kam dann unter spanische Herrschaft und gehörte im 17. Jahrhundert zu den Spanischen Niederlanden, wurde Österreich-Ungarn zugeordnet und bildete zusammen mit dem heutigen Belgien die Österreichischen Niederlande, geriet im 18. Jahrhundert in französische Hände und wurde zum französischen "Département des Forêts", erlangte schließlich im 19. Jahrhundert den Status der Hauptstadt eines unabhängigen Staates, des Großherzogtums Luxemburg. Seit Jahrhunderten erlebt Luxemburg also die europäische Idee unter ihren verschiedensten Aspekten, sozusagen innerhalb der eigenen vier Wände.

Seit der Gründung der verschiedenen Europäischen Gemeinschaften leistet

Originally, "Lützelburg" (castle of Lützel) belonged to the Romano-German Empire and to the Duchy of Basse-Lorraine (and included in its family tree are five German emperors), then came under the dominion of Spain, in the 17th century belonged to the Low Countries under Spanish rule; it was later attached to Austria-Hungary and formed, with the Belgium of today, the Austrian Low Countries; in the 18th century it came under French rule as the "Département des Forêts" and finally, in the 19th century, became the capital of an independent country, the Grand Duchy of Luxembourg. Thus for many centuries Luxembourg lived the European ideal in many forms and all within its own walls.

Ever since the foundation of various European Communities, Luxembourg has been a pioneer in the buil-

"Lützelburg" (château de Lützel) appartenait à l'Empire Romano-Germanique et au Duché de la Basse-Lorraine (et comptait alors dans ses rangs 5 empereurs allemands), devenait ensuite un domaine espagnol, appartenait au 17e siècle aux Pays-Bas espagnols, fut adjoint à l'Autriche-Hongrie et formait, ensemble avec la Belgique d'aujourd'hui, les Pays-Bas autrichiens, tomba au 18e siècle sous domination française en devenant le "Département des Forêts" français et obtenait finalement au 19e siècle le statut de capitale d'un Etat indépendant, à savoir le Grand-Duché de Luxembourg. C'est donc depuis des siècles que le Luxembourg vit l'idée européenne sous ses aspects les plus divers et, pour ainsi dire, à l'intérieur de ses quatre murs.

Depuis la fondation des différentes Communautés Européennes, le

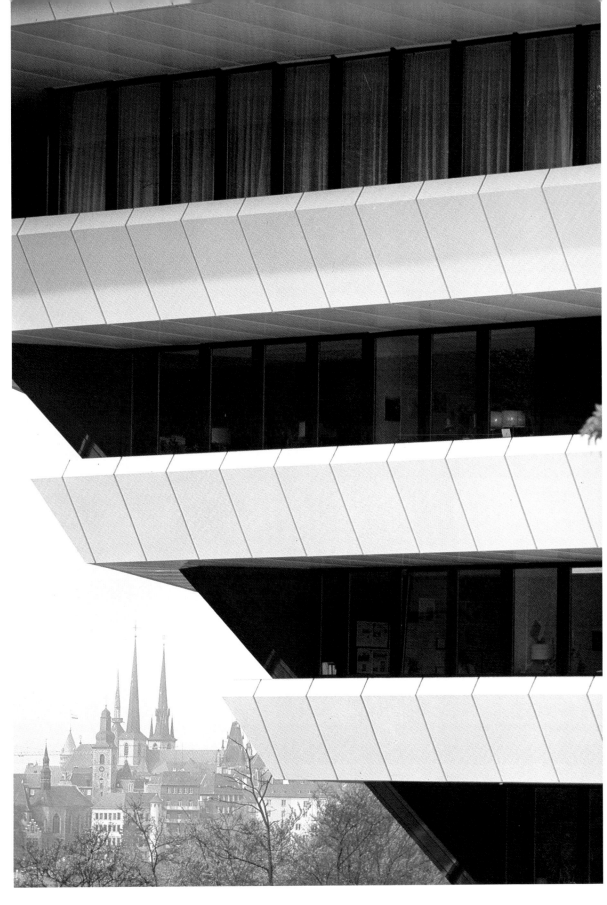

Luxemburg Pionierarbeit beim Aufbau des neuen Europa. Besonders in den 60er Jahren gingen wesentliche Entscheidungen über die Zukunft der Gemeinschaft nicht selten von Luxemburg aus.

Seit einem Jahrzehnt wird Luxemburg der Titel der europäischen Hauptstadt streitig gemacht. Der neu-

ding of a new Europe. During the 1960s, essential decisions concerning the future of the Community were taken in Luxembourg.

For a decade there has been a dispute over Luxembourg's title of capital of Europe. The new plenary chamber of the European Parliament remains in the tower with 22 floors on Kirch-

Luxembourg a toujours fait un travail de pionnier dans la construction d'une nouvelle Europe. C'est surtout dans les années 60 que des décisions essentielles concernant l'avenir de la Communauté émanaient de Luxembourg. Depuis une décennie on dispute à Luxembourg le titre de capitale européenne. La nouvelle salle plénière du Parlement Européen n'a

Das Jean Monnet-Gebäude und das Sekretariat des Europaparlaments
The Jean Monnet Building and the secretariate of the European Parliament
Le bâtiment Jean Monnet et le secrétariat du Parlement Européen

Der Plenarsaal des Europaparlaments
The plenary chamber of the European Parliament
La salle plénière du Parlement Européen

errichtete Plenarsaal des europäischen Parlaments auf dem Kirchberg wurde nur zweimal für seinen ursprünglichen Zweck benutzt, ehe das Parlament das Straßburger "Palais de l'Europe" vorzog und der Luxemburger Saal nur noch als Kongreßzenter diente. Das Sekretariat des Parlaments blieb aber in seinem 22 Stockwerke hohen Turm in Luxemburg. Der Europäische Gerichtshof hat seinen Sitz auf Kirchberg, die EG-Kommission Büros und die Ministerräte halten verschiedentlich Sitzungen hier ab.

Die europäischen Funktionäre sind nicht immer zart mit der kleinsten Hauptstadt ihrer Gemeinschaft umgegangen. Die Banken dagegen fühlen sich ganz wohl in Luxemburg. Etwa 190 gibt es davon in der Stadt, neben 5.000 Holdinggesellschaften aus allen Herren Länder. Sie haben sich zuerst auf dem Boulevard Royal

berg. The European Court of Justice has its headquarters there, the European Commission has some offices and the Council of Ministers holds some meetings there.

The European functionaries have not always been very kind towards the smallest capital of their Community. Banking institutions, by contrast, have been pleased with it. There are about 190 of them in Luxembourg, without counting some 5,000 representations from all over the world. The banks have grouped their headquarters along the Boulevard Royal where old patrician mansions have yielded place to palaces of glass and concrete.

In a direct line the Boulevard runs into the Avenue de la Liberté, passing over the daringly constructed Pont Adolphe, 46 meters above the valley of the Petrusse, to eventually

servi que deux fois à l'assemblée avant que celle-ci ne lui préfère celle du Palais de l'Europe de Strasbourg, et que la salle luxembourgeoise ne soit réduite à servir de centre de congrès. Le secrétariat du Parlement est resté dans la tour à 22 étages du Kirchberg. La Cour Européenne de Justice y a son siège, la Commission Européenne y a des bureaux et les conseils de ministres y tiennent quelques réunions.

Les fonctionnaires européens n'ont pas toujours été trop aimables avec la plus petite capitale de leur Communauté. Les instituts bancaires par contre s'y plaisent. Il y en a environ 190 à Luxembourg, sans compter les quelques 5.000 holdings de toutes les parts du globe. Ils ont regroupé leurs sièges d'abord au Boulevard Royal, où les vieilles maisons patriciennes ont dû faire place aux palais de verre et de béton.

niedergelassen, wo die alten Patri- zierhäuser den Glas- und Betonkon- struktionen Platz machen mußten. In gerader Linie verlängert sich der

reach the railroad station. Most of the buildings in this quarter, the Bourbon plateau, date from the early decades of this century.

En ligne directe le boulevard se pro- longe dans l'Avenue de la Liberté, en passant sur la construction osée du pont Adolphe à 46 m au-dessus de la

Banken diesseits und jenseits der Adolph-Brücke   Banks on both sides of the Adolph Bridge   Des banques des deux côtés du pont Adolphe

Boulevard über die gewagte Steinkonstruktion der 46 Meter hohen Adolphe-Brücke in die Freiheitsavenue, die am Hauptbahnhof endet. Die meisten Gebäude in diesem Viertel, dem Bourbon-Plateau, stammen aus den ersten Jahrzehnten des 20. Jahrhunderts.

Erst 1867 durfte die Festung Luxemburg ihre steinerne Umklammerung verlassen, wurde damit angefangen, außerhalb der Mauern zu bauen. In 16jähriger Großarbeit wurde die Festung für Unsummen Geld geschleift, ein neuer Bahnhof ersetzte den ersten, provisorischen, neue Wohn- und Arbeitsviertel entstanden. In den Straßen um den Hauptbahnhof findet man heute den größten Teil der Luxemburger Nachtlokale, von der billigen Spelunke bis zum sogenannten Club.

Geht man vom Bahnhof zurück in die Altstadt, muß man erneut das Petrußtal überqueren, diesmal über die mehrbogige Passerelle.
Am Verfassungsplatz bekommt man einen guten Eindruck von dem, was die Festung einst war. Schmale, steile

It was only in 1867 that Luxembourg city was able to leave the embrace of its fortifications and spread itself to the neighbouring countryside. Dismantling the fortress took 16 years of work and fortunes in money before a new station and new residential and industrial quarters could be built. In the area of the station today there are the city's cabarets, ranging from little bars to deluxe night-clubs.

Returning from the station to the city center the road crosses the Petrusse again over the Passerelle with its multiple arches. From the Place de la Constitution it is possible to get an impression of what the Fortress of Luxembourg was. Some narrow, steep stairways descend along the walls which drop in a sheer cliff to the foot of the valley of the Petrusse.

At the Place there is the entrance to the casemates of the Petrusse, an unusual network of subterranean passageways that link important points of the fortifications. The corridors and chambers have a total length of 23 kilometers and are one of the most frequently visited tourist attrac-

vallée de la Pétrusse, pour joindre la gare centrale. La plupart des bâtiments de ce quartier, sur le plateau Bourbon, datent des premières décennies de notre siècle.

Ce n'est qu'en 1867 que la ville de Luxembourg a pu quitter l'étreinte de ses fortifications, pour aller s'étendre dans les campagnes voisines. Le démantèlement de la forteresse a coûté un travail de 16 ans et des fortunes en argent avant de permettre la construction d'une nouvelle gare et de nouveaux quartiers résidentiels et industriels. Dans le quartier de la gare se trouvent aujourd'hui les cabarets de la ville, de la boîte ringarde au night-club de luxe.

En retournant de la gare au centreville, on repasse sur la vallée de la Pétrusse en empruntant la Passerelle aux multiples arches. Sur la Place de la Constitution on peut se faire une impression de ce qu'était la forteresse de Luxembourg. Des escaliers étroits et raides descendent le long des murs qui tombent à pic dans la vallée de la Pétrusse. Sur la place se trouve l'entrée des casemattes de la Pétrusse, un

Das Petruß-Tal   The Petrusse Valley   La vallée de la Pétrusse

Die Kathedrale   The cathedral   La cathédrale

Treppen führen an den erhaltenen Mauern hinunter, die fast senkrecht in das Petrußtal fallen. Hier ist auch der Eingang der Petrußkasematten, einem einzigartigen Gangsystem, das alle wichtigen Teile der Anlage unterirdisch miteinander verbindet. 23 Kilometer lang sind die Stollen und Galerien, die heute eine der meistbesuchten Touristenattraktionen der Stadt darstellen. Nur wenige Meter vom Eingang der Kasematten entfernt befindet sich die Kathedrale der Stadt Luxemburg.

Die Ursprünge der Luxemburger Muttergotteskathedrale gehen auf das Jahr 1613 zurück. Die damalige Jesuitenkirche wurde 1778 zur Pfarrkirche und 1873 zur Bischofskirche geweiht. Zwischen 1933 und 1938

tions in the country. Only a few meters from the entrance to the casemates is the Cathedral of Luxembourg City.

The origins of the cathedral of the Blessed Virgin of Luxembourg trace back to the year 1613. The former Jesuit church became the parish seat in 1778 and the cathedral of the bishop in 1873. Between 1933 and 1938 it was remodeled and expanded. The statue of Our Lady of Luxembourg each year attracts the faithful of the country during the 15 days of the "octave", the most important religious event in the country. The mortal remains of Jean the Blind rest in the cathedral's crypt, along with members of the Grand-Ducal family and bishops of Luxembourg. The

système unique de tunnels souterrains qui relie les points importants des fortifications. Les couloirs et galeries ont une longueur totale de 23 km et comptent parmi les curiosités touristiques les plus visitées du pays. A quelques mètres à peine de l'entrée des casemattes se trouve la Cathédrale de la Ville de Luxembourg.

Les origines de la cathédrale de Notre Dame de Luxembourg remontent à l'année 1613. L'église jésuite d'alors devint église paroissiale en 1778 et cathédrale de l'évêché en 1873. Entre 1933 et 1938 elle est transformée et agrandie. La statue de Notre Dame de Luxembourg attire chaque année les fidèles du pays, lors des quinze jours que dure l'"octave", qui est la manifestation reli-

Der großherzogliche Palast   The Grand-Duc's palais   Le palais grand-ducal

wurde das Gotteshaus erheblich vergrößert. Zur Statue Unserer Lieben Frau von Luxemburg auf dem Hochaltar, der Patronin der Stadt und des Landes, pilgern jedes Jahr während der zweiwöchigen "Oktave", die Gläubigen des Landes. Die Krypta der Kathedrale birgt die sterblichen Überreste Johanns des Blinden und ist Grabstätte für die großherzogliche Familie und für die Bischöfe von Luxemburg. Sehenswert sind die beiden Portale der Kathedrale, das eine im barocken Stil (1614) und das andere von dem zeitgenössischen Bildhauer Auguste Trémont geschaffen.

Vom Verfassungsplatz aus erreicht man die beiden Hauptplätze der Altstadt, den "Knuedeler" und die "Place d'Armes". Der erste, eigentlich Wil-

two main doors of the church are particularly interesting. One is in the Baroque style and dates from 1614; the other is the work of the contemporary sculptor, Auguste Trémont.

From the Place de la Constitution one can reach the other important squares of center city, the "Knuedeler" and the Place d'Armes. The first is in fact named Place Guillaume but Luxembourgers call it "Knuedeler" in memory of the monks with their knotted belts who had a monastery there before the French Revolution (knot is Knued in Luxembourgish). Place Guillaume has a rather somber look with the city hall guarded by two bronze lions and the equestrian statue of William II. There is also a statue of a little fox called Renert,

gieuse la plus importante du Luxembourg. Dans la crypte de la cathédrale reposent les dépouilles mortelles de Jean l'Aveugle, des membres de la famille grand-ducale et des évêques de Luxembourg. Les deux portails de l'église sont particulièrement intéressants. L'un est de style baroque et date de 1614; l'autre est l'oeuvre du sculpteur contemporain Auguste Trémont.

A partir de la Place de la Constitution on peut rejoindre les autres places importantes du centre-ville, le "Knuedeler" et la Place d'Armes. La première, qui en fait s'appelle Place Guillaume, mais que les Luxembourgeois continuent d'appeler "Knuedeler" en souvenir des moines aux ceintures à noeuds qui y possé-

14

Auf dem "Knuedeler"
On the "Knuedeler"
Sur le "Knuedeler"

helmsplatz, im Volksmund nach dem Knotengürtel der Mönche, die vor der Französischen Revolution hier ein Kloster hatten, "Knuedeler" benannt, mit dem löwenflankierten Rathaus, der Reiterstatue Wilhelms II. und der Skulptur jenes Fuchses, der unter dem Namen Renert Titelfigur des Luxemburger Nationalepos ist, belebt sich eigentlich nur an Markttagen und während der Muttergottesoktave, wenn die Schausteller hier ihre Buden aufrichten.

Vom "Knuedeler" aus sieht man den großherzoglichen Palast, dessen Geschichte bis in das 12. Jahrhundert zurückreicht. Hier wurde damals das erste Rathaus der Stadt errichtet, das aber 1554 in die Luft gesprengt wurde. 1572 wurde ein neues Gebäude errichtet, das 1741 ausgebaut wurde.

Ab 1795 diente das Renaissance-Gebäude als Regierungssitz. Gegen Ende des vorigen Jahrhunderts zog die großherzogliche Familie ein. Die schönsten Räume des Palastes kön-

the hero of a Luxembourg epic, to relieve the solemnity a little, as well as market days and the 15 days of Octave when traveling shows install their booths in the square and give it some warmth.

From the "Knuedeler" the Grand-Ducal palace can be seen, whose origin goes back to the 12th century. The first mayor's office was constructed on the site and was removed in 1554. A new building was then constructed in 1572 and enlarged in 1741. After 1795 the palace, in Renaissance style, served as the seat of the government. At the end of the 19th century, the Grand-Ducal family made it their residence. The most beautiful rooms of the palace can be visited during the tourist season.

The Place d'Armes, which has lost all its military character, is livelier than the "Knuedeler". It has become the preferred meeting-place for the lads and lasses of the town. During the hot summer nights half the city

daient un monastère avant la Révolution Française (noeud se dit Knued en luxembourgeois), a un aspect plutôt sévère, avec la mairie que gardent deux lions de bronze, et la statue équestre de Guillaume II. Il n'y a que la statue du petit renard, qui sous le nom de Rénert est le héros de l'épopée nationale des Luxembourgeois, pour ironiser quelque peu son austérité, et les journées de marché et de l'octave pendant laquelle les forains y installent leurs baraques, pour lui donner quelque chaleur.

A partir du "Knuedeler" on voit le palais grand-ducal, dont l'origine remonte au 12e siècle. A cet emplacement a été construit la première mairie de la ville, qu'on fit sauter en 1554. Un nouveau bâtiment fut construit en 1572 et agrandi en 1741.

A partir de 1795 le palais de style renaissance servait de siège au gouvernement. A la fin du dernier siècle, la famille grand-ducale s'y installa. Les plus belles pièces du palais peuvent

nen im Sommer besichtigt werden.

Lebendiger als der "Knuedeler" ist die "Place d'Armes", der einstige Paradeplatz, auf dem sich heute die Söhne und Töchter der Luxemburger Bürger treffen. An warmen Sommerabenden läuft hier auf den zahlreichen Caféterrassen die halbe Stadt zusammen, das Stimmengewirr übertönt die Konzerte der Militärkapelle, Bier und Limonade fließen in Strömen, während die Gäste sich über die hohen Getränkepreise beschweren, schimpfen die Kellner auf die kleinen Trinkgelder.

Die andere Hälfte der Städter meidet unterdessen die "Plëssdarem", wie sie von den Einheimischen platt genannt wird, und zieht die populären Kneipen der Vorstädte Grund, Clausen und Pfaffenthal vor. Diese Viertel sind in einem Sanierungsprozess begriffen. Die alten Vorstädte, mit ihren malerischen Häusern ohne Wohn-

gathers there, the babble of conversation drowns out the military music concerts, beer and lemonade flow in waves, the clients complain about the high prices for drinks while the waiters grumble about the small tips.

At the same time, the other half of the city avoids the "Plëssdarem" as the locals call it, and prefer to descend upon the popular bistros of the outlying Grund, Clausen and Pfaffenthal. A major restoration project is going on in these suburbs.
These picturesque areas have been kept alive by immigrant workers who lived there for a long time, often without minimum modern comforts.
Between the upper city and the neighbourhoods in the valley of the Alzette lies the historic center of the city with its narrow twisting streets surrounding the ancient fish market and the State Museum.

The museum is divided into several

être visitées pendant la saison touristique.

La Place d'Armes, qui a tout perdu de son caractère militaire, est plus vivante que le "Knuedeler". Elle est devenue le lieu de rendez-vous préféré des fils et des filles des citadins. Pendant les soirées chaudes d'été, la moitié de la ville s'y retrouve, le bruit des conversations couvre les concerts de la musique militaire, la bière et la limonade coulent à flots, tandis que les clients se plaignent des prix trop élevés des boissons, les garçons pestent contre les pourboires trop minces.

Pendant ce temps, l'autre moitié des citadins évite la "Plëssdarem", comme disent les autochtones, et préfère descendre dans les bistros populaires des faubourgs du Grund, Clausen et Pfaffenthal. Ces quartiers ont été soumis à un projet d'assainissement. Dans les anciens fau-

Auf der "Place d'Armes"
On the "Place d'Armes"
Sur la Place d'Armes

Der alte Kern der Stadt: Bockfelsen und Fischmarkt
The old center of the City: Bock and Fishmarket
Le vieux centre-ville: Le rocher du Bock et le marché-aux-poissons

komfort wurden lange Zeit vor allem durch die dort wohnenden Gastarbeiter am Leben gehalten.

Zwischen der Oberstadt und den Vorstädten im Alzettetal liegt der historische Kern der Hauptstadt, ein Gewirr enger, gewundener Straßen und Gassen um den Fischmarkt. Am Fischmarkt befindet sich das Luxemburger Staatsmuseum. Das Museum teilt sich in mehrere Abteilungen, die sich der Naturwissenschaft, der Archäologie, der Geschichte, der Kunst, der Volkskunde und der Numismatik widmen. Einige Prunkstücke der archäologischen Abteilung stammen aus der gallo-römischen und aus der fränkischen Zeit. In der Kunstabteilung sind Gemälde und Plastiken vom Mittelalter bis heute ausgestellt, wobei der Sammlung Bentinck-Thyssen mit Meisterwerken des 15. bis 18. Jahrhunderts besondere Bedeutung zukommt.

Im Museum, wie in der in einem Park gelegenen städtischen Gemäldegalerie in der Villa Vauban werden mehrmals im Jahr Sonderausstellungen organisiert.

Vom Fischmarkt aus führt die Corniche über die steil abfallenden Festungsmauern zurück zum Heiliggeistplateau und zur Passerelle und bietet Aussicht auf das Alzettetal, auf die St. Michaelskirche und auf den

sections: natural sciences, archeology, history, art, folklore and stamps. Some masterpieces in the archeological section trace back to the epochs of the Gallo-Romans and the Franks. The art section displays paintings and sculptures from the middle ages up to modern times; special attention requires the Bentinck-Thyssen collection with masterpieces from the 15th to the 18th century. The museum also organizes current expositions as does the municipal gallery located in the Villa Vauban.

Leaving the Marché-aux-Poissons, the Corniche leads to the plateau of Saint Esprit and to the Passerelle, passing along the steep walls of the fortification, and provides a splendid view over the Alzette valley, the church of Saint-Michel and the Bock, the cradle of Luxembourg. The oldest parts of the church of Saint-Michel date from the 11th century. In 1688, after a fire and several instances of military damage, the church acquired its present appearance. On the rock at the Bock Count Sigefroi of the Ardennes began, in 963, the construction of a fortified castle named Lützelburg, which was to give its name to the city and to the country

bourgs avec leurs pittoresques maisons sans comfort habitaient, jusqu'il y a peu de temps, surtout les travailleurs immigrés.

Entre la ville haute et les faubourgs de la vallée de l'Alzette se trouve le centre historique de la capitale avec ses ruelles étroites et tortueuses autour du Marché-aux-Poissons et le musée d'Etat.

Le musée se divise en plusieurs sections qui se consacrent aux sciences naturelles, à l'archéologie, à l'Histoire, aux Beaux-Arts, au folklore et à la numismatique. Quelques chefs-d'oeuvres de la section archéologique datent des époques gallo-romaines et franques. Dans la section artistique sont exposées des peintures et des sculptures du moyen-âge jusqu'à nos jours, ainsi que la collection Bentinck-Thyssen avec des chefs-d'oeuvre du 15e au 18e siècle. En outre le musée organise, comme d'ailleurs la galerie municipale installée dans la Villa Vauban, des expositions temporaires.

A partir du Marché-aux-Poissons, la Corniche mène au plateau du Saint Esprit et à la Passerelle en passant par les raides murs de fortification et offre une vue splendide sur la vallée de l'Alzette, sur l'église Saint-Michel et sur le rocher du Bock, le berceau de Luxembourg. Les plus anciennes

Bockfelsen, die Geburtsstätte Luxemburgs. Die ältesten Teile der St. Michaelskirche stammen aus dem 11. Jahrhundert; 1688, nach einem Brand und diversen militärischen Zerstörungen erhielt die Kirche ihr heutiges Aussehen. Auf dem Bockfelsen erbaute der Ardennergraf Sigfrid 963 seine Burg, die Lützelburg, die später der Stadt und dem Land ihren Namen gab

parties de l'église Saint-Michel datent du 11e siècle.

En 1688, après un incendie et plusieurs destructions militaires, l'église reçut son aspect actuel. Sur le rocher du Bock, le comte ardennais Sigefroi entreprit en l'an 963 la construction d'un château-fort nommé Lützelburg qui allait donner son nom à la ville et au pays

Das Gutland
The Gutland
Le Gutland (Bon Pays)

igentlich bezeichnet man als Gutland die südlichen zwei Drittel Luxemburgs mit der Minettegegend, der Mosel, der Kleinen Schweiz und der Hauptstadt. Kernstück dieser Gegend sind vier Landschaften, vier Täler mit vier Bächen, die der Sauer zufließen, Alzette, Mamer, Eich und Attert. Drei dieser Gewässer treffen sich in **Mersch**, dem geographischen Zentrum des Landes.

Mersch ist das Zentrum der Luxemburger Landwirtschaft. In den gewaltigen Silos des Agrocenters wird ein

he name, Gutland, actually applies to the southern two thirds of Luxembourg which include the mining basin, the Moselle region, Luxembourg's Little Switzerland and the capital. The heart of this region holds four valleys each with its own stream, the Alzette, the Mamer, the Eisch and the Attert. Three of these waters join together at **Mersch**, the geographic center of the country.

Mersch is the agricultural capital of Luxembourg. At its agrocenter, massive silos stock the major part of

n fait on appelle Gutland les deux tiers méridionaux du Luxembourg, avec le bassin minier, la région mosellane, la Suisse Luxembourgeoise et avec la capitale. Le coeur de cette région comprend quatre vallées avec quatre ruisseaux, l'Alzette, la Mamer, l'Eisch et l'Attert. Trois de ces eaux se rencontrent à **Mersch**, le centre géographique du Luxembourg.

Mersch est aussi la capitale de l'agriculture luxembourgeoise. Dans les silos monumentaux de l'agrocentre est stockée la majeure partie de la pro-

Großteil der Luxemburger Agrarprodukte gesammelt und verteilt, hier türmen sich Berge auf von Saatgut und Futtermittel, Milchpulver und Schlachtfleisch.

Ehe Mersch wegen seiner reizvollen Lage nahe den Wäldern des gutländischen Sandsteinplateaus zu einem beliebten Fremdenverkehrsort wurde, war es ein bedeutendes Marktzentrum, das seinen Wohlstand über Jahrhunderte retten konnte. Ruinen einer Prunkvilla weisen auf römische Präsenz hin. Das Schloß stammt aus dem 12. Jahrhundert, wurde aber mehrmals zerstört und neu aufgerichtet. Von der 1453 zerstörten Michaelskirche ist heute nur noch der Glockenturm erhalten.

Um Mersch verteilen sich die stillen Dörfer des Gutlandes, in denen Landwirtschaft und Kleinindustrie gut zusammenleben. Die Dörfer und Städtchen tragen keine großen touristischen Namen, und doch wird man hier ein Luxemburg finden, das vielleicht typischer ist, als das der großen Fremdenverkehrszentren, eben weil hier die Einheimischen das Dorfbild bestimmen und nicht die ausländischen Gäste.

Das Alzettetal sieht sich in letzter Zeit einer intensiven Verstädterung ausgesetzt. Viele Beamte, die in der Hauptstadt arbeiten, haben ihre Wohnhäuser zwischen Luxemburg und Mersch errichtet. Die Städtchen **Steinsel, Walferdingen, Lorentzweiler** und **Lintgen** sind auch Ausgangspunkte zahlreicher Rundwanderungen in die nahen Wälder.

Viel ruhiger werden die Ufer des Gewässers, das als Nationalfluß bezeichnet wird, hinter Mersch. In Pettingen fließt die Alzette an einer Wasserburg aus dem 13. Jahrhundert vorbei, in **Colmar-Berg** am großherzoglichen Schloß.

Das **Mamertal** ist eine Gegend satter Wiesengründe und ausgedehnter Wälder. In Mamer und Capellen entstan-

Luxembourg's agricultural production for redistribution. Here there are mountains of cereal grains, powdered milk and meat.

Before Mersch became a tourist town with many attractions, thanks to its pleasant location near the forests of the Gutland plateau, it was an important commercial center which safeguarded its prosperity through the centuries. Traces of a luxurious villa testify to the presence of the Romans. The castle dates from the 12th century but has been destroyed and rebuilt several times. Today there remains only the bell-tower of the church of Saint Michel, built in 1453.

Around Mersch are scattered the peaceful villages of the Gutland in which agriculture and small and medium-sized industry live together happily. These villages and hamlets do not have names well-known to tourists yet it is here that a more typical Luxembourg is found, more so than in the big tourist centers, because it is the people of the country itself that give a village its authenticity rather than foreign visitors.

The valley of the Alzette has experienced intensive urban development. Many people who work in the capital have built their homes along the road between Mersch and Luxembourg. Even so, the little towns of **Steinsel, Walferdange, Lorentzweiler** and **Lintgen** remain good starting points for hikes in the neighbouring woods.

The banks of the stream called the national river become more tranquil beyond Mersch. At Pettange the Alzette flows before a water tower from the 13th century, at **Colmar-Berg** it salutes the castle of the Grand Duke.

The **valley of the Mamer** is a region of lush pastures and extensive forests. Mamer and Capellen are growing towns. Romans lived there in the past, on the main highway between Reims

duction agricole luxembourgeoise, pour être redistribuée. Ici se dressent des montagnes de céréales, de lait en poudre et de viande.

Avant que Mersch ne devienne, grâce à sa situation agréable près des forêts du plateau de grès du Gutland, une ville touristique pleine d'attraits, elle était un centre commercial important qui savait conserver sa prospérité pendant des siècles. Les vestiges d'une villa luxueuse témoignent d'une présence romaine. Le château date du 12e siècle, mais a été détruit et reconstruit à plusieurs reprises. De l'église Saint-Michel, bâtie en 1453, ne reste plus aujourd'hui qu'un clocher.

Autour de Mersch s'éparpillent les calmes villages du Gutland, dans lesquels l'agriculture et la petite et moyenne industrie font bon ménage. Les villages et petites villes ne portent pas de noms touristiquement renommés, et pourtant, c'est ici que l'on trouve un Luxembourg plus typique que celui des grands centres touristiques parce qu'ici ce sont les gens du pays qui donnent leur cachet aux villages et non les visiteurs étrangers.

La vallée de l'Alzette se voit exposée à une urbanisation intensive. Beaucoup d'employés qui travaillent en ville ont construit leur maison ici. Les petites villes de **Steinsel, Walferdange, Lorentzweiler** et **Lintgen** sont un point de départ de nombreuses promenades dans les bois avoisinants.

Les bords du cours d'eau que l'on appelle fleuve national deviennent plus tranquilles derrière Mersch. A Pettange l'Alzette passe devant un château du 13e siècle, à **Colmar-Berg** elle salue le château grand-ducal.

La **vallée de la Mamer** est une région de riches pâturages et de forêts étendues. Mamer et Capellen sont en pleine expansion. Déjà les Romains habitaient ici, sur la grande route de Reims à Trèves, comme démontrent des vestiges que l'on peut encore visi-

Das Schloß in Mersch
The castle in Mersch
Le château à Mersch

Typische Landschaft des Gutlandes bei Reckingen
Typical landscape of the "Gutland" near Reckange
Paysage typique du "Gutland" près de Reckange

Schloß Berg: Wohnsitz der großherzoglichen Familie   Berg Castle: Home of the Grand Duc's family   Le château de Berg: Résidence de la famille grand-ducale

den in den letzten Jahren ganze Serien von neuen Wohnvierteln. Schon die Römer hatten sich an der Fernstraße Reims-Trier niedergelassen, wie archäologische Funde bezeugen. Die Fernstraße heißt heute Autobahn Luxemburg-Brüssel, die Orte sind bevorzugtes Wohngebiet geblieben.

Gleich unter der Autobahnbrücke beginnt der bewaldete Teil des Mamertales. Nur selten verläßt man bis Mersch den Wald, die Dörfer sind von Grün gesäumt. In **Schönfels** lebt seit

and Trier, testified to by archeological excavations. That highway is today called the Luxembourg-Bruxelles Autoroute but the two towns remain an area of privileged residence.

The wooded part of the valley of the Mamer begins under the autoroute bridge. One rarely leaves the forest on the road to Mersch and the villages along the road are surrounded by greenery. An aristocratic family has lived in **Schoenfels** since the 9th century and the family castle dates

ter de nos jours. La grande route s'appelle aujourd'hui Autoroute Luxembourg-Bruxelles, mais les deux villes sont restées une région d'habitation privilégiée.

Sous le pont autoroutier commence la partie boisée de la vallée de la Mamer. Rarement on quitte la forêt sur la route de Mersch, et les villages y sont bordés de verdure. A **Schoenfels** vit depuis le 9e siècle une famille aristocratique, dont le château date du 13e siècle. Le donjon conservé jus-

dem 9. Jahrhundert eine Adelsfamilie, deren Burg aus dem 13. Jahrhundert stammt. Der heute noch gut erhaltene Burgfried wurde im 16. Jahrhundert gebaut. Vom Dorf aus erreicht man die Höhlen und Felsen der Mamerlayen, die schon in vorgeschichtlicher Zeit bewohnt waren. Obwohl Schönfels noch im Mamertal liegt, wird es schon zum Tal der 7 Schlösser gezählt, dem Eischtal, das sich von der belgischen Grenze bis nach Mersch zieht. Die weiteren Schlösser sind Mersch, Hollenfels, Neu- und Alt-Ansemburg, Simmern und Koerich.

Mittelpunkt des touristischen Eischtales ist das Dreieck **Mariental-Hollenfels-Ansemburg**, eine Gegend, die heute vor allem der Jugend gehört. Im **Mariental** wurde 1232 ein Frauenkloster gegründet. Nach der Französischen Revolution verließen die Nonnen ihr Kloster, das teilweise

from the 13th century. The keep, still standing, was constructed in the 16th century. Near the village are the rocks and grottoes called the Mamerlays which were dwelling places in prehistoric times. Even though Schoenfels is located in the Mamer valley it is considered to be part of the valley of the seven castles; the six others - Mersch, Hollenfels, the new and old castles at Ansembourg, Septfontaines and Koerich - all lie in the Eisch valley which runs from the Belgian frontier to Mersch.

The tourist center of the Eisch valley is the three-city triangle of **Mariental-Hollenfels- Ansembourg**, an area which is, for the most part, a preferred place with youngsters. A convent for nuns was founded at **Mariental** in 1232. After the French Revolution the sisters had to abandon their convent which was partially destroyed. In the

qu'à aujourd'hui a été construit au 16e siècle. A partir du village on atteint les rochers et les grottes des Mamerlays qui étaient habitées aux temps préhistoriques. Même si Schoenfels est situé dans la vallée de la Mamer, il est considéré comme partie de la vallée des sept châteaux, dont les autres, Mersch, Hollenfels, le nouveau et l'ancien château d'Ansembourg, Septfontaines et Koerich se trouvent dans la vallée de l'Eisch, qui depuis la frontière belge atteint Mersch.

Le centre touristique de la vallée de l'Eisch est le triangle **Mariental-Hollenfels-Ansembourg**, une région qui appartient en grande partie à la jeunesse. A **Mariental** a été fondé en 1232 un couvent pour nonnes. Après la Révolution Française, les religieuses ont dû quitter leur couvent, qui était détruit en partie. Au 19e siècle, les pères blancs ont pris la

Die alte Burg in Ansemburg   The old castle in Ansembourg   Le vieux château-fort à Ansembourg

zerstört wurde. Sie wurden im 19. Jahrhundert von den weißen Missionsvätern abgelöst, die hier eine Schule für zukünftige Missionare einrichteten. Das Kloster gehört heute dem Staat, der hier im Sommer Ferien- und Freizeitlager für Jugendliche organisiert.

Zu einem Treffpunkt der Jugend ist auch die Burg **Hollenfels** geworden, eine der schönsten Jugendherbergen des Landes und Zentrum für Ökologie. Fast ständig treffen sich in Mariental und in Hollenfels Jugendgruppen, um zusammen sportliche, kulturelle oder ökologische Aktivitäten zu pflegen. Hollenfels ist gleichzeitig einer der besterhaltensten mittelalterlichen Burgfriede Europas. Der Donjon aus dem Jahr 1380 diente

19th century the White Fathers took possession and founded a school for missionaries there. Today the buildings belong to the State which operates vacation camps for young people on the site. The castle of **Hollenfels**, which houses one of the most beautiful youth hostels in the country and an ecological center, is another favorite meeting place for young people. At Mariental and Hollenfels, sporting, cultural and ecological programs are almost continuous.

Hollenfels, the best-known youth hostel in Luxembourg is also the site of the best preserved medieval keep in Europe. Constructed in 1380, the tower served as both a defensive structure and a residence. Its

relève et y ont fondé une école de missionnaires. Aujourd'hui les bâtiments appartiennent à l'Etat qui organise des camps de vacances et de loisir pour jeunes. Le château de **Hollenfels**, qui héberge une des plus belles auberges de jeunesse du pays et un centre écologique, est un autre rendez-vous privilégié pour les jeunes. A Mariental et à Hollenfels, les stages sportifs, culturels ou écologiques sont quasi permanents.

Hollenfels est en même temps un des donjons médiévaux les mieux conservés d'Europe. Construite en 1380, la tour servait comme bâtiment de défense et d'habitation. Ses dimensions sont impressionnantes avec une base de 14 sur 12 m et une hauteur de presque 40 m. En 1973 le donjon fut

Das neue Schloß in Ansemburg
The new castle in Ansembourg
Le nouveau château à Ansembourg

Burg und Dorf Simmern
The castle and the village of Septfontaines
Le château-fort et le village de Septfontaines

als Wohn- und als Wehrturm und ist beeindruckend in seinen Dimensionen. Der Turm hat einen Grundriß von 14 auf 12 Meter und ist fast 40 Meter hoch. 1973 wurde er mit einem originalgetreuen Dach versehen, um die Bausubstanz vor dem Verfall zu retten. Besonders sehenswert sind der große Saal im 2. Stockwerk und die Burgkapellle, deren Chor vier Etagen hinaufreicht. Die restlichen Wohntrakte, in denen sich die heutige Jugendherberge befindet, wurden im 18. Jahrhundert nachgebaut.

Gleich zwei Schlösser besitzt die

dimensions are impressive with a base of 14 by 12 meters and a height of nearly 40 meters. In 1973 the keep was topped with a roof that is an exact copy of the original roof. The Great Hall on the second floor and the castle's chapel whose choir is built on four levels, are striking to see. The rest of the castle, now the youth hostel, was added in the 18th century.

The little locality of **Ansembourg** has two castles of its own. The old fortified castle perches on a rock overhanging the valley of the Eisch and dates from the 12th century. Enlarged in the 14th and 15th

coiffé d'un toit qui est une exacte copie de la toiture d'origine. La grande salle du deuxième étage et la chapelle du château, dont le coeur s'élève sur quatre étages, sont impressionnantes. Le reste du château, où se trouve actuellement l'auberge de jeunesse, a été rajouté au 18e siècle.

La petite localité d'**Ansembourg** possède à elle seule deux châteaux. Le vieux château-fort surplombe sur un rocher la vallée de l'Eisch et date du 12e siècle. Agrandi aux 14e et au 15e siècles, il fut abandonné vers 1639 quand les seigneurs d'Ansembourg déménagèrent dans leur nou-

Ortschaft **Ansemburg**. Die alte Burg überragt auf einem Felsen das Eischtal und stammt aus dem 12. Jahrhundert. Sie wurde im 14. und 15. Jahrhundert ausgebaut, dann verfallen gelassen, als die Schloßherren 1639 in das neue Schloß übersiedelten. Das imposante, barocke Einfahrtstor von Neu-Ansemburg wurde 1750 errichtet. Beide Schlösser sind heute noch in Privatbesitz und bewohnt.

Das kleine Dorf **Nospelt** war früher Zentrum der Luxemburger Töpferkunst. Die am Ostermontag stattfindende Emaischen, in Erinnerung an das Zunftfest der Töpfer, zieht alljährlich tausende von Besuchern an, die sich um die Verkaufsstände mit Töpferwaren und Trillerpfeifen in Vogelform, den sogenannten Péckvillercher, drängen. In letzter Zeit lebt die Töpferkunst, als Freizeitbeschäftigung und auch als Beruf, wieder auf. Die Geschichte der Töpferei wird im lokalen Töpfermuseum dokumentiert.

Koerich und **Simmern** liegen in einem reichen Quellengebiet, das auch nach dem Bau des Stauwerkes in Esch-Sauer einen großen Teil des Südens Luxemburgs mit Trinkwasser beliefert. In Simmern (auf französisch

centuries it was abandoned around 1639 when the lords of Ansembourg moved into their new castle. The imposing Baroque portal of the new Ansembourg was erected in 1750. The two castles today are private property and are still inhabited.

The little village of **Nospelt** was in former times the center of Luxembourg pottery. Every Easter Monday, the Emaischen, which commemorates the patron saint of potters, attracts thousands of visitors who flock the stands selling examples of pottery and whistles in the form of birds called Péckvillchen. In recent years, pottery has been revived there, as much a hobby as a profession. A small local museum is devoted to the history of pottery.

Koerich and **Septfontaines** are in an area with many springs and even after the construction of the dam at Esch-sur-Sûre remain the principal suppliers of drinking water to the mining basin. At Septfontaines, as the name indicates, water from seven springs is collected in a reservoir in the center of the village. There is also a castle dating from the 11th century in the village, a castle now owned

veau château. L'imposant portail baroque du nouvel Ansembourg fut érigé en 1750. Les deux châteaux restent aujourd'hui des propriétés privées et sont toujours habités.

Le petit village de **Nospelt** était jadis le centre de la poterie luxembourgeoise. Tous les lundis de Pâques, l'Emaischen, qui rappelle la fête patronale des potiers, attire des milliers de visiteurs qui se pressent autour des stands où sont vendus des articles de poteries et des sifflets en forme d'oiseau appelés Péckvillchen. Ces derniers temps la poterie connaît une véritable renaissance en tant que loisir et comme profession. Un petit musée local informe sur l'histoire de la poterie.

Koerich et **Septfontaines** sont situés dans un pays riche en sources, qui, même après la construction du barrage d'Esch-sur-Sûre, reste le principal fournisseur en eau potable du bassin minier. A Septfontaines, comme le nom l'indique, sept sources sont captées dans un bassin au centre du village. Celui-ci possède en outre un château du 11e siècle, qui appartient aujourd'hui à un particulier et faisait partie jadis des propriétés de

Septfontaines, also Siebenbrunnen) werden sieben Quellen in einem zentralen Brunnenbecken gesammelt. Der Ort, der einst zur Abtei Echternach gehörte, besitzt mit seiner Burg aus dem 11. Jahrhundert, die heute in Privatbesitz ist, und seiner bemerkenswerten Kirche zwei bedeutende Sehenswürdigkeiten. Die Pfarrkirche wurde 1316 von Thomas von Simmern in einem Übergangsstil zwischen Romanik und Gotik gebaut.

privately but which was in the past part of the properties of the abbey of Echternach, and there is also a remarkable church. This was constructed in 1316 by Thomas of Septfontaines in a style combining both Roman and Gothic. The funeral monument of the lords of Septfontaines dates from the 16th century.

Scarcely touched by tourism, the villages lying between the Eisch and the Attert are scenes of much cultural

l'abbaye d'Echternach, et une église remarquable. Celle-ci a été construite en 1316 par Thomas de Septfontaines dans un style réunissant le roman et le gothique. Le monument funèbre des seigneurs de Septfontaines date du 16e siècle. A peine effleurés par le tourisme, les villages situés entre l'Eisch et l'Attert font preuve d'une grande activité culturelle à laquelle participe la plupart des habitants de la région. Surtout **Beckerich** organise

Im Tal der Attert   In the Attert valley   Dans la vallée de l'Attert

Burg Useldingen   The castle of Useldange   Le château-fort à Useldange

Aus dem 16. Jahrhundert stammt das imposante Grabdenkmal der Herren von Simmern.

Kaum vom Tourismus berührt wurden die Dörfer zwischen Eisch und Attert. Trotzdem blühte hier eine beispielhafte kulturelle Aktivität auf, an der sich die Einwohnerschaft der ganzen Gegend beteiligt.

Besonders in **Beckerich** werden regelmäßig Ausstellungen, Theaterabende und Feste organisiert, bei denen die alte, ländliche Tradition eines Teiles der Luxemburger Kultur immer wieder auflebt. In einem Wald bei Beckerich liegt eine Kapelle, die im Mittelalter als Wallfahrtsort für Pestkranke galt.

Die bürgerliche Kultur ihrerseits hatte eine ihrer Hochburgen in **Colpach** im Atterttal. Der Großindustrielle Emile Mayrisch ließ sich hier seinen Her-

activity in which the great majority of the inhabitants of the region participate. Especially at **Beckerich** many expositions, theatrical evenings and folkloric festivals are organized; in these activities the old rural tradition that is part of Luxembourg culture holds sway. In the woods near Beckerich there is a chapel where in ancient times victims of the plague sought to find a cure.

A little further, at **Colpach** in the Attert valley, there is one of the largest cultural centers. The industrial magnate Emile Mayrisch built his castle there and his wife, Aline de Saint-Hubert transformed it, at the beginning of this century, into one of the most important intellectual gathering-places in Europe. André Gide and Paul Claudel were among the friends of these patrons of the arts and Maillol and Kolbe created sculptures

souvent des expositions, des soirées théâtrales et des fêtes folkloriques où la vieille tradition rurale d'une partie de la culture luxembourgeoise est reine. Dans un bois près de Beckerich se trouve une chapelle que les malades de la peste recherchaient jadis pour trouver la guérison.

Un peu plus loin, à **Colpach** dans la vallée de l'Attert, se trouve un des grands centres de la culture bourgeoise. Le grand industriel Emile Mayrisch s'y fit construire un château que son épouse Aline de Saint-Hubert transforma au début du siècle en un des salons les plus importants d'Europe. André Gide et Paul Claudel comptaient parmi les amis du couple mécène, Maillol et Kolbe ont créé des sculptures pour les jardins de leur château. Aujourd'hui c'est la Croix Rouge qui, selon les voeux de Mayrisch, gère le château qui sert de

ensitz bauen, der auf Initiative seiner Frau Aline de Saint-Hubert zu einem der bedeutendsten europäischen Salons des frühen 20. Jahrhunderts wurde. André Gide und Paul Claudel gehörten zu den Freunden des Mäzenenpaares, Maillol und Kolbe schufen Skulpturen für den herrschaftlichen Park. Heute verwaltet das Rote Kreuz nach Wunsch seiner frühen Besitzer das Schloß, das alten Leuten als Erholungs- und Genesungsheim dient.

Sehenswert sind im Atterttal weiter die Dörfer **Ospern**, mit einer gotischen Kirche, die herrliche Fresken und ein reiches Barockmobiliar enthält und **Useldingen**, ein Dorf, das als architektonisches Ensemble restauriert wurde, und dessen Silhouette von einer Burg aus dem 11. Jahrhundert überragt wird ▪

for the gardens of their castle. Today, following the wishes of Mayrisch, the Red Cross manages the castle which is now a rest home for the aged.

Some other villages of the Attert valley are worth a detour such as **Ospern**, with its Gothic church containing some magnificent frescoes and rich Baroque furnishings, or **Useldange**, a village which has been restored to its original architectural form, dominated over by a castle built in the 11th century ▪

centre de repos et de convalescence à des personnes âgées.

D'autres villages de la vallée de l'Attert valent le détour, comme **Ospern**, avec son église gothique qui contient de magnifiques fresques et un riche mobilier baroque, ou **Useldange**, un village restauré dans son ensemble architectural et que domine un château du 11e siècle ▪

Schloß Colpach: Künstlersalon des frühen 20. Jahrhunderts
Colpach Castle: art-salon of the beginning 20th century
Le château de Colpach: salon artistique du début du siècle

Das Ösling
The Oesling
L'Oesling

Natürlich haben die Zeichen der Zeit nicht am Sauerufer halt gemacht, und doch... Fährt man durchs Ösling, durch die engen, gewundenen Täler und über die windigen Koppen, wird einem manchmal klar, daß Luxemburg so gewesen sein muß, vor der großen industriellen Revolution des späten 19. Jahrhunderts. Die Dörfer liegen weit verstreut, einsam in den Flußtälern oder hoch auf dem Plateau.

Weiß jeder Öslinger wo Schifflingen oder Beles liegen, so müssen Minetter und Hauptstädter oft auf der Landkarte nachsuchen um Ensche-

To be sure, the advances of the time are not halted at the banks of the Sûre... However, when you cross through the Oesling, with its narrow twisting valleys and its windy hills, you can sense the atmosphere of old Luxembourg before the great industrial revolution of the 19th century. Villages are scattered far apart, solitary at the foot of a valley or on a high plateau.

If everybody in the north knows where Schifflange or Belvaux is, residents of the south or of the capital are those who most often have recourse to a road map to find

Bien sûr, les signes du temps ne se sont pas arrêtés sur les bords de la Sûre... Pourtant, quand on traverse l'Oesling, avec ses étroites vallées tordues et ses collines venteuses, on se dit parfois qu'il a dû avoir cet air-là, le vieux Luxembourg d'avant la grande révolution industrielle de la fin du 19e siècle. Les villages s'éparpillent au loin, solitaires au fond de leur vallée ou sur le haut plateau.

Si dans le nord tout le monde sait où se trouvent Schifflange ou Belvaux, les habitants du sud et de la capitale ont le plus souvent recours à la carte

ringen, Oberwampach oder Allerborn zu finden, es sei denn, sie besitzen dort ein Wochenendchalet, oder ihre Familie gehört zu denen, die vor hundert Jahren das karge Hochland verließen, um im Süden am Aufbau der Schwerindustrie teilzunehmen.

Man spricht im Rest des Landes vom Öslinger Bauern, einer Symbolfigur, oft ironisch belächelt, die aber an sich in jedem Luxemburger steckt. Ganz selten sind jene Luxemburger, die, wenn sie auch nur zwei oder drei Generationen zurückblicken, nicht aus bäuerlichen Verhältnissen stammen. Der Öslinger Bauer gehört zur Familie wie der Onkel in Amerika.

Dabei hat das Ösling eine weniger reiche landwirtschaftliche Vergangenheit als die meisten Teile des Gutlandes. Noch vor einem knappen

Enscherange, Oberwampach or Allerborn, at least if they don't own a second home in the area or if their family is not one of those who, one hundred years ago, left the high plateau to take part in the creation of the steel industry in the mining basin.

In the rest of the country, people often speak ironically of the Oesling peasant, that symbolic figure whose characteristics can actually be found in all Luxembourg citizens. Rare are those who are not a grandson or a great grandson of a peasant. The Oesling peasant is part of the family, just as is the uncle in America.

Actually, the Oesling has an agricultural past much poorer than most of the regions of Gutland. Scarcely a century ago the earth of the Oesling was actually considered to be too

routière pour retrouver Enscherange, Oberwampach ou Allerborn, à moins qu'ils n'y possèdent une résidence secondaire, que leur famille est l'une de celles qui ont quitté il y a cent ans les pauvres hauts plateaux pour participer à la construction de l'industrie sidérurgique dans le bassin minier.

Dans le reste du pays on parle souvent de façon ironique du paysan de l'Oesling, ce personnage symbolique, dont on retrouve en fait des traits dans tout Luxembourgeois. Rares sont ceux qui ne sont pas petits-fils ou arrière-petit-fils de paysans. Le paysan de l'Oesling appartient à la famille comme l'oncle d'Amérique.

En vérité l'Oesling a un passé agricole beaucoup moins riche que la plupart des régions du Gutland. Il y a moins d'un siècle, les terres de l'Oesling étaient considérées souvent

Nur noch selten sieht man im Ösling Pferde bei der Feldarbeit
A rare encounter: one of the few still working horses in the Oesling
Dans l'Oesling il reste très peu de chevaux de labeur

Jahrhundert galten die Öslinger Böden als arm und kaum geeignet für Kornkulturen. Schafe weideten in der Heide- und Ginsterlandschaft. Erst der Einsatz von Thomas-Schlacken, einem Abfallprodukt der Eisenindustrie, ermöglichte die Aufbesserung der phosphore- und kalkarmen Böden. Um 1900 wurde mit diesem Produkt eine kleine "grüne Revolution" im Ösling ausgelöst, die die große Landflucht bremsen konnte.

Von Zeit zu Zeit besucht man sie, die Familienmitglieder, die damals nicht nach Süden zogen oder sich in der Hauptstadt etablierten, die in Breidfeld oder Schimpach blieben. Die Familienfeste enden meistens mit einer leichten Magenerweiterung für die Gäste, die es nicht mehr gewohnt sind, den Braten mit soviel "gebootschte Gromperen" (gebratene Kartoffeln) und den Kuchen mit so-

sterile for growing wheat. Sheep grazed in heather and gorse. A by-product of the steel industry, slag from the Thomas process, proved able to enrich the poor soil through the addition of phosphorus and calcium. Towards 1900, this product launched a veritable "green revolution" in the Oesling and thus was able to check the great flight from the rural area.

From time to time, a visit is made to those family members who at that time chose to remain in the area instead of emigrating to the south or to the capital and who still live as always at Breidfeld or at Schimpach. These family get-togethers often end with the visitors feeling a slight bulge in the stomach since they are not used to accompany a roast with so many sauteed potatoes ("gebootschte Gromperen") and their desserts with so many cordials

comme trop stériles pour la culture du blé. Les moutons paissaient entre les fleurs de buyère et le genêt. Un sous-produit de la sidérurgie, les scories Thomas, ont permis l'enrichissement des sols pauvres en phosphore et en calcaire. Vers 1900 ce produit a déclenché une véritable "révolution verte" dans l'Oesling et a pu ralentir le grand exode rural.

De temps en temps, on rend visite à ces membres de la famille qui à l'époque ont choisi de rester au lieu d'émigrer vers le sud ou vers la capitale, et qui habitent toujours à Breidfeld ou à Schimpach. Ces fêtes familiales se terminent le plus souvent avec une légère dilatation des estomacs des visiteurs qui n'ont plus l'habitude d'accompagner leur rôti avec tant de "gebootschte Gromperen" (pommes de terre sautées) et leurs desserts avec tant de "Dröppen" (digestifs). A côté de la locution du

Esch-Sauer
Esch-sur-Sûre

38

Alte Häuser in Esch-Sauer   Old houses in Esch-sur-Sûre   Vieilles maisons à Esch-sur-Sûre

viel "Dröppen" (Branntwein) zu begleiten, denn neben dem Begriff vom Öslinger Bauern gibt es noch den vom "Baurekascht", der Bauernkost, und der wird nie ironisch gebraucht, sondern eher bewundernd. Da weiß man, was man auf dem Teller hat, da hat sich keine Konservenfabrik mit eingeschaltet. Prunkstück der Öslinger Speisekammer ist die "Eislécker Ham", der Ardennenschinken, dessen Ruf weit über die Grenzen hinausreicht.

Die Südluxemburger besuchen das Ösling vorwiegend am Sonntag. Der Ausflug in den Norden am ersten schönen Frühlingstag hat Tradition. Denn hier kann man die Natur noch am ursprünglichsten erleben. Die Öslinger Bauern haben es nämlich, im Gegensatz zu anderen, immer verstanden, ihre Natur zu erhalten. Eng mit ihr verbunden, haben sie sie zu schätzen gelernt, und nicht erst, seit auch ausländische Touristen den Reiz der Öslinger Wälder entdeckt haben.

Sogar der Stausee bei **Esch-Sauer** scheint sich der Natur angepaßt zu haben, und man muß schon an die Staumauer heranfahren, um zu merken, daß er nicht natürlich ist. Im Sommer trifft man sich an den Ufern des Sees, der Energie- und Trinkwasserreserve in einem ist, und außer-

("Dröppen"). In the peasant lexicon there is the word "Baurekascht", which refers to the peasant cuisine and has, along with an ironic meaning, a great deal of respect. With these dishes, the food is pure and fresh, canned varieties play no part in the game. The masterpiece of the larder in the Oesling is the "Eislécker Ham", the Ardennes ham whose reputation spreads far beyond the country's borders.

Luxembourgers from the south explore the Oesling particularly on their Sunday outings. A journey to the north on the first sunny days of Spring is traditional. For it is here that direct contact with nature is easiest. The Oesling farmer, accustomed to living with nature, is better able to preserve it than others. Tourists from other countries have discovered the delights of the great forests of the Oesling.

Even the artificial lake near **Esch-sur-Sûre** has been able to adapt itself to its natural surroundings and it is necessary to actually see the dam there to comprehend that it is not a natural lake. In summer, this gigantic reservoir of energy and drinking water becomes a recreation center as well. Some sports, somewhat exotic for Luxembourg, are practised there such as sailing and surf-boarding.

paysan de l'Oesling, il y a celle du "Baurekascht", de la cuisine paysanne, et là, plus d'ironie mais surtout du respect. Avec ces plats-là, on sait ce qu'on mange, l'usine à conserves n'a pas faussé le jeu. La pièce maîtresse du garde-manger de l'Oesling est la "Eislécker Ham", le jambon des Ardennes dont la réputation dépasse de loin les frontières du pays.

Les Luxembourgeois du sud découvrent l'Oesling avant tout pendant leurs randonnées dominicales. L'excursion vers le nord aux premières journées ensoleillées du printemps est traditionnelle. Car c'est ici que le contact avec la nature est le plus facile. L'agriculteur de l'Oesling, habitué à vivre avec la nature, a mieux pu la conserver que d'autres, et cela non seulement depuis que les touristes étrangers ont découvert les attraits des grandes forêts de l'Oesling.

Même le lac artificiel près d'**Esch-sur-Sûre** a su s'adapter à la nature qui l'entoure, et il faut avoir le barrage devant les yeux, pour s'apercevoir qu'il n'est pas naturel. En été on se rencontre au bord du lac, cette gigantesque réserve d'énergie et d'eau potable qui sert également de centre de loisir. Des sports, exotiques pour le Luxembourg, comme la voile

dem als Freizeitgebiet dient. Hier werden für Luxemburg eher exotische Sportarten gepflegt wie Segeln oder Surfen. Der Landwirt, der im Hintergrund sein Korn einfährt, hätte sich vor Jahren wohl nicht träumen lassen, daß man eines Tages an seinem Hof vorbeisurfen würde.

Sie haben alle ihre Reize, die ehemaligen Höhendörfer, die jetzt am Ufer des Sees liegen, doch wer das Ösling aufsucht, um die Ruhe der stillen Waldwege zu finden, muß schon etwas vom See wegfahren. In den Clierf- und Wiltztälern findet er sie, oder ganz oben, an der belgischen Grenze, im "Hondséisléck". Hier kann er stundenlang wandern, ohne einer menschlichen Seele zu begegnen, es sei denn einem Gleichgesinnten. Die Wege führen entlang den fischreichen Bächen, durch die Lay genannten Schieferfelsen, über Hänge, die mit Lohhecken und Fichten bewachsen sind. Auf den Koppen wird er von Zeit zu Zeit eine Burg-

The farmer in the background tending his wheat did not think, several years ago, that one day sail boards would float past his farm.

The villages which formerly overhung the valley and are now on the edge of the lake all have their attractions but for him who travels to the Oesling to find the peace of forest paths it is necessary to get away from the lakeside. The quiet calm is best found in the valleys of the Clierf and the Wiltz or, high up near the Belgian border, in the "Hondséisleck". Here one can walk for hours without meeting a living soul except perhaps another solitary stroller.

The path along rivers teeming with fish passes slaty rocks called "lays" and winds through wooded trails where oak and Norway spruce flourish. On the surrounding hills from time to time can be seen ruins of castles, Brandenbourg and Schüttburg, Vianden and Bourscheid.

ou le surf y sont pratiqués. Le paysan qui à l'arrière plan rentre son blé, ne se serait pas douté, il y a quelques années, qu'un jour les véliplanchistes passeraient devant sa ferme.

Ils ont tous leurs attraits, ces villages qui jadis surplombaient la vallée et se retrouvent maintenant au bord du lac, mais celui qui part vers l' Oesling pour chercher le calme des sentiers forestiers doit quitter les bords du lac. Le grand calme, on le trouve dans les vallées de la Clierf et de la Wiltz ou tout en haut, près de la frontière avec la Belgique, dans le "Hondséisleck". C'est là qu'on peut se promener pendant des heures sans rencontrer âme qui vive, si ce n'est un autre promeneur solitaire. Le chemin longe les rivières poissonneuses, passe sur les rochers schisteux appelés "lays" et sur des pentes boisées où poussent le chêne et l'épicéa. Sur les collines on apercevra de temps en temps la ruine d'un château, Brandenbourg et la

Freizeitgebiet und Trinkwasserreserve:
der Obersauersee

Recreation area and drinking water reserve:
the artificial lake of the upper Sûre

Aire de loisir et réserve d'eau potable:
le lac de la haute Sûre

Ein Juwel der Sakralkunst: Helzingen
A jewel of religious art: Hachiville
Un joyau de l'art religieux: Hachiville

ruine erblicken, Brandenburg oder die Schüttburg, Vianden oder Bourscheid.

Die Dörfer sind schlicht, die Häuser und Höfe von einfacher Schönheit. Seit einigen Jahren hat man sich darauf bedacht, diese Schönheit zu erhalten und zu restaurieren. Statt moderner Bewürfe schmücken wieder traditionelle Kalkfarben die Außenmauern.

Bescheiden sehen viele der Kirchen in diesen Dörfern aus, doch oft lohnt es sich hineinzugehen. Etwa in **Ulflingen**, in **Lieler**, in **Weiswampach** oder in **Holler**, wo Fresken oder besonders schön verarbeitete Altäre die Gotteshäuser schmücken. Neben **Niederwiltz** und **Rindschleiden** ist **Helzingen** wegen seiner Kirche einen Umweg wert. In der Kirche untergebracht ist einer der kostbarsten Kunstschätze des Landes, ein Schnitzaltar, der aus dem 16. Jahrhundert stammen dürfte, dessen genaue Datierung aber bis heute unmöglich war. In einem Stil, der den Übergang zwischen Gotik und Renaissance kennzeichnet, sind eine Vielzahl Figuren ins Holz geschnitzt, die den Leidensweg Christi dar-

The villages are simple, the houses and farms have a stark beauty.

For several years people have become aware that this beauty is worth preserving and have begun to restore the farms, using building materials of the same style.

Many of the churches in these villages have a modest appearance but often they are worth entering such as those at **Troisvierges**, at **Lieler,** at **Weiswampach** or at **Holler** which contain particularly interesting frescoes or al-tars. In addition to those at **Niederwiltz** and **Rindschleiden**, the church at **Hachiville** is worth a detour. It shelters one of the most impressive works of religious art in the country, an ornamental altar screen which seems to date from the 16th century although the exact date is unknown. In a style which marked the passage from the Gothic epoch to the Renaissance, it displays innumerable figures sculptured into the wood in a representation of Christ's passion. In 1976 the screen was stolen from the church but an international police inquiry succeded in recovering it. It has been put back in the Hachiville

Schüttburg, Vianden et Bourscheid.

Les villages sont simples, les maisons et les fermes d'une beauté dépouillée. Depuis quelques années on prend conscience du fait que cette beauté-là vaut la peine d'être conservée et on commence à restaurer les fermes en utilisant du matériau qui correspond à leur style.

Beaucoup d'églises dans ces villages ont l'air modeste, mais souvent il vaut la peine d'y entrer, comme à **Troisvierges**, à **Lieler,** à **Weiswampach** ou à **Holler** où elles sont munies de fresques ou d'autels particulièrement intéressants. A côté de celles de **Niederwiltz** et de **Rindschleiden**, l'église de **Hachiville** vaut le détour. Elle abrite l'un des joyaux les plus impressionnants de l'art religieux du pays, un retable qui semble dater du 16e siècle, mais dont l'origine n'est pas connue exactement. Dans un style qui marque le passage de l'époque gothique à la renaissance, d'innombrables figures sculptées dans le bois représentent la passion du Christ. En 1976 le retable a été volé de l'église mais une enquête policière internationale a permis de le retrouver. Restauré, il a

stellen. 1976 wurde der Altar aus der Kirche entwendet, um bei einer großen Fahndungsaktion wieder aufzutauchen. Restauriert ist er jetzt hinter Gitterstäben zu sehen.

Industrie gibt es im Norden Luxemburgs kaum, abgesehen von der Umgebung der größeren Öslinger Ortschaften und von der Goodyear im südlicheren **Colmar-Berg**, die für den Norden wichtigste und arbeitsintensivste Fabrik. Der Naturfreund kommt hier auf seine Kosten, doch die Einheimischen machen sich Sorgen um ihre Zukunft. Im Kanton Clerf, dem nördlichsten des Landes, hat die wirtschaftliche Lage in den letzten Jahren dramatische Züge angenommen, vergleichbar nur mit der Lage im äußersten Süden des Landes. Landflucht heißt noch heute für viele junge Leute des oberen Öslings der einzige Ausweg. Eine Lösung ist es natürlich nicht.

Des einen Freude, des andern Leid. Was für den einen fehlende Industrie heißt, nennt der andere unberührte Natur, historisches Dorfbild oder Touristenattraktion. Zu den besonderen Anziehungspunkten des Öslings der einzige Ausweg. Eine Lösung ist es natürlich nicht.

church where it is now protected behind bars.

Industry is practically non-existent in the north of the country except on the periphery of some small towns and the Goodyear plant at **Colmar-Berg**, situated somewhat to the south but nevertheless the most important economic center of the Oesling. While tourists appreciate the pure air and the tranquillity the inhabitants are apprehensive about the uncertain future. The canton of Clervaux, the most nothern of the country, is experiencing a dramatic economic crisis, comparable to that of the mining basin. For many young people seeking work, leaving the rural areas is the only possible course. It is certainly not a solution.

What is good for one is bad for another. What one can complain of as the absence of industry another can praise as unspoiled nature, the atmosphere of an unspoiled village, a tourist attraction. Among the particularly attractive places in the Oesling should be mentioned the localities of **Clervaux**, **Vianden** and **Wiltz**, and their surroundings.

regagné l'église de Hachiville où il est maintenant protégé par des barreaux.

L'industrie est quasiment absente du nord du pays, si on excepte la périphérie des petites villes et l'usine Goodyear de **Colmar-Berg**, située plus au sud mais néanmoins centre économique le plus important de l'Oesling. Le touriste apprécie l'air pur et le calme mais les habitants redoutent un avenir incertain. Le canton de Clervaux, le plus septentrional du pays, connaît une crise économique dramatique, comparable à celle du bassin minier. Pour beaucoup de jeunes en quête de travail, l'exode rural est la seule issue possible. Ce n'est certainement pas une solution.

Le bonheur de l'un fait le malheur de l'autre. Ce qui, pour l'un, signifie absence d'industrie, l'autre l'appelle nature intacte, aspect du village historique ou attraction touristique. Parmi les points d'attraction particuliers de l'Oesling on peut citer les localités de **Clervaux**, de **Vianden** et de **Wiltz** ainsi que leurs alentours. Longtemps on avait l'impression que

Kaundorf

In der Nähe von Lieler   Near Lieler   Près de Lieler

Einsamer Bauernhof im Ourtal   Lonely farm in the Our valley   Ferme solitaire dans la vallée de l'Our

lings gehören die Ortschaften **Clerf**, **Vianden** und **Wiltz** und ihre nähere Umgebung.

Lange hatte es ausgesehen als sollte die Burg Clerf die am besten erhaltene mittelalterliche Burg des Landes bleiben. Als Vianden und Bourscheid Mitte des 19. Jahrhunderts Krämern und Naturkatastrophen zum Opfer fielen, überlebte Clerf seine Aristokraten ohne größeren Schaden. Zwar riß man 1885 die Nebengebäude und ein Teil der Festungsmauer ab, um mit den Bausteinen ein neues Herrschaftshaus zu errichten, doch rettete sich das eigentliche Schloß bis ins 20. Jahrhundert, mitsamt Jahrhunderte alten Holzteilen. Im Dezember 1944 wurde der Herrlichkeit dann ein jähes Ende gesetzt. Die deut-

For a long time it seemed that the castle at Clervaux was to be the best preserved castle in the country. While Vianden and Bourscheid were transformed into ruins by spice-merchants and natural disasters in the middle of the 19th century, Clervaux appeared to survive for its aristocrats without any trouble. To be sure, some of the annex buildings were demolished in 1885 and the defensive walls were dismantled to build a new elegant mansion for the proprietor, but the castle itself easily weathered the years up to the 20th century, with its ancient wooden portions intact.

However, it was the Germans who, in December, 1944 quickly put an end to so many of its splendors. The

le château de Clervaux allait rester le château médiéval le mieux conservé du pays. Quand Vianden et Bourscheid étaient transformés en ruines par des épiciers et des catastrophes naturelles au milieu du 19e siècle, Clervaux semblait survivre à ses aristocrates sans grandes peines. Certes, on démolit en 1885 une partie des bâtiments annexes et les murs de défense pour construire une nouvelle maison patricienne, mais le château proprement dit franchit aisément le cap du 20e siècle, avec ses vieilles parties de bois.

C'était sans compter avec les Allemands qui en décembre 1944 mirent une fin rapide à tant de splendeurs. Les grenades à phosphore de la bataille des Ardennes touchèrent

chen Phosphorgranaten der Ardennenoffensive schlugen in die Nordflügel der Gebäude, das ganze Schloß mit seinem 400 Jahre alten Dachstuhl ging in Flammen auf.

Erbaut wurden die ältesten Teile der Burg im 12. Jahrhundert von Gerhard von Sponheim, dem ersten bekannten Herren von Clerf. Zur Zeit Johanns des Blinden bewohnte Walter von Meysenburg, ein äußerst kriegerischer Herr, das Schloß. Von der Familie von Meysenburg stammen die drei Meisen im Wappen der Stadt Clerf.

Im 15. und 16. Jahrhundert wurde das Schloß ausgebaut und wechselte mehrmals den Besitzer. Die von Brandenburg zogen ein, Burgunder belagerten Dorf und Schloß, die Burg geriet in die Hände der Metzer Familie de Heu und an die Herren von Helz, holländische Freibeuter verwüsteten das Land.

Erst 1631 kehrte Ruhe ein, als Claude de Lannoy das Schloß durch Heirat zugesprochen bekam. Die Familie de Lannoy, eine der angesehensten der spanischen Niederlande, blieb im Besitz der Burg Clerf bis ins 19. Jahrhundert. Claude Lannoy baute das Schloß erheblich aus, doch mit seinen Ahnen begann auch der Niedergang der Grafschaft, die unter Ludwig XVI für 60.000 Livres versteigert werden mußte, um die Schulden der de Lannoy zu decken. Die Familie behielt aber die Burg und sogar während der Französischen Revolution gelang es ihr, nach einer Flucht nach Polen, den Besitz unter dem Namen "Hof des Bürgers Lannoy" zu retten. Nachdem die de Lannoy aus dem polnischen Exil zurückgekehrt waren, führten die trotz Revolution die feudalen Zustände in Clerf weiter und hielten das Dorf in voller Abhängigkeit.

Ein Erbstreit sollte dann das erreichen, was die Revolution nicht erreicht hatte. Nach einem Prozeß, der 40 Jahre lang dauerte, verloren die

phosphorous grenades used in the battle of the Ardennes struck the northern section of the structure and the entire castle with its 400-year old carvings went up in smoke.

The oldest parts of the castle had been constructed during the 12th century by Gerhard von Sponheim, the first known lord of Clervaux. During the reign of Jean the Blind, the castle was inhabited by Walter of Meysenbourg, an extremely belligerent nobleman. It was from the Meysenbourg family that the city of Clervaux got the three pips (Meisen in German) that appear in its coat-of-arms.

During the 15th and 16th centuries the castle was enlarged and there were several changes in ownership. The Brandenbourgs seized it, the soldiers of Burgundy laid seige to the village and castle, the structure passed to the Heu family from Metz, then to lords of Heltz, Dutch bandits raided the village and the entire country.

It was not until 1631 that peace returned to Clervaux when the castle was, by virtue of marriage, passed to Claude de Lannoy. The de Lannoy family, one of the most renowned families of the Low Countries under Spanish rule, owned the castle at Clervaux up to the 19th century. Claude de Lannoy enlarged the castle once more but the decline of the Clervaux fiefdom began with his heirs. Under Louis XVI they had to sell the property for 60,000 pounds in order to pay their debts. Nevertheless, they retained the right to the castle itself which they were able to protect from the French Revolution.

Refugees in Poland, the de Lannoys remained proprietors of the building, renamed the "Farm of Citizen Lannoy" by the revolutionaries. After their Polish exile, the family reestablished a feudal hierarchy in Clervaux and kept the village in almost medieval dependency.

les parties nord du bâtiment, le château entier avec ses charpentes vieilles de 400 ans partait en fumée.

Les parties les plus anciennes du château-fort avaient été construites au 12e siècle par Gérard de Sponheim, le premier seigneur de Clervaux connu. A l'époque de Jean l'Aveugle, le château était habité par Walter de Meysenbourg, un seigneur extrêmement belligérant. De la famille de Meysenbourg, la ville de Clervaux tient les trois mésanges (en Allemand Meisen) de ses armoiries.

Aux 15e et 16e siècles, le château était agrandi et changeait de propriétaire à plusieurs reprises. Ceux de Brandenbourg l'habitèrent, les soldats de Bourgogne firent le siège du village et du château, le bâtiment passait à la famille de Heu, originaire de Metz, puis aux seigneurs de Heltz, des bandits hollandais ravageaient le village et le pays.

Ce n'est qu'en 1631 que le calme revint à Clervaux avec l'attribution du château, grâce à un mariage, à Claude de Lannoy. La famille de Lannoy, qui était une des familles les plus renommées des Pays-Bas espagnols, gardait le château de Clervaux jusqu'au 19e siècle. Claude de Lannoy fit agrandir le château une nouvelle fois, mais avec ses héritiers commença la déchéance du comté de Clervaux. Sous Louis XVI ils étaient obligés de vendre le comté pour 60.000 livres, afin de pouvoir payer leurs dettes.

Néanmoins ils avaient le droit de garder le château lui-même, qu'ils réussirent même à sauver de la Révolution Française.

En fuite en Pologne, les de Lannoy restaient propriétaires du bâtiment rebaptisé "Ferme du Citoyen Lannoy" par les révolutionnaires.

Après leur exil polonais, la famille restaura à Clervaux une hiérarchie féodale et gardait le village en dépendance quasi médiévale.

Das Schloß der de Lannoy in Clerf   The de Lannoy's Castle in Clervaux   Le château des de Lannoy à Clervaux

de Lannoy die Gebäude zugunsten der de Berlaymont.

In den 30er Jahren unseres Jahrhunderts sorgten die de Lannoy erneut für Diskussionen in Luxemburg, als erwiesen werden sollte, daß der amerikanische Präsident Franklin Delano Roosevelt einer ihrer Nachfahren sei, eine Theorie, die aber nie bestätigt werden konnte.

Nach dem Krieg wurde das Schloß restauriert und heute beherbergt es eine neue Familie, die der Menschen. "Family of Man" ist der Titel der

What the revolution could not abolish was abolished by a quarrel over inheritance.

After a legal battle between the de Lannoy heirs that lasted 20 years, the castle became the property of the de Berlaymont family.

In the 1930s, the de Lannoys were again the subject of much discussion in Luxembourg when an attempt was made to establish family links between the American president, Franklin Delano Roosevelt, and the counts of Clervaux. The discussions reached

Ce que la Révolution n'avait p abolir fut aboli par une querelle d succession.

Après un procès entre les héritiers d Lannoy qui durait une vingtain d'années, le château revenait à l famille de Berlaymont.

Dans les années 30 de notre siècle, le de Lannoy étaient à nouveau au centr de certaines discussions luxembour geoises, lorsque l'on tenta d'établi des liens de famille entre le présiden américain Franklin Delano Roosevel et les comtes de Clervaux. Le

48

nonumentalen Fotosammlung, die in den 50er Jahren vom gebürtigen Luxemburger und später amerikanischen Fotografen Edward Steichen für das Museum of Modern Art in New York zusammengetragen wurde und rund um den Planeten wanderte, ehe sie, nicht ohne administrative Schwierigkeiten, ihren endgültigen Platz im Schloß Clerf fand. Man sollte bei einem Besuch in Clerf die Ausstellung, ein wahrer Spiegel menschlichen Lebens und eine der unterschätztesten Kunstsammlungen des Landes, nicht vergessen, wie auch nicht die Loretokapelle, ein schöner Rokokobau oder die Benediktinerabtei Sankt Mauritius, die 1910 von aus Frankreich vertriebenen Mönchen errichtet wurde.

Zu den besonderen Sehenswürdigkeiten des Clierftals gehört die St.

no conclusion.

After the Second World War the ruined castle was restored admirably and today it houses another family, that of mankind. "Family Of Man" is the title of a monumental collection of photographs, organized in the 1950s by Edward Steichen, an American photographer of Luxembourg origin, for the Museum of Modern Art in New York. The exhibit toured the world before being placed permanently in the castle at Clervaux, not without lengthy administrative squabbles. During a visit to Clervaux, the photographic exhibit should not be overlooked at any cost, it being an accurate mirror of human life and without doubt the most underestimated art collection in the country; also not to be overlooked is the Loreto chapel, a magnificent ex-

discussions restaient sans conclusion.

Après la deuxième guerre mondiale, le château en ruines fut restauré et aujourd'hui il héberge une nouvelle famille, celle des hommes. "Family of Man" est le titre d'une collection de photos monumentale, réunie dans les années 50 par le photographe américain d'origine luxembourgeoise Edward Steichen pour le Museum Of Modern Art de New York. L'exposition a fait le tour du monde avant de trouver un emplacement définitif au château de Clervaux, non sans longues tracasseries administratives. Lors d'une visite à Clervaux il ne faut à aucun prix oublier de visiter l'exposition de photos qui est un véritable miroir de la vie humaine et sans doute la collection d'art la plus sous-estimée du pays, comme il ne faut pas oublier la chapelle Loreto,

Die Benediktinerabtei in Clerf   The benedictine abbey in Clervaux   L'abbaye bénédictine à Clervaux

Hubertuskirche in Munshausen, mit der Grabkapelle der Grafen von Clerf. Der Turm aus dem 13. Jahrhundert ist der älteste Teil der Kirche. Schnitzereien schmücken die Türen, die vom gotischen Chor in den Turm führen. Im niedrigen Schiff sind Fresken aus dem 15. Jahrhundert zu sehen.

Der barocke Hochaltar stammt aus dem Jahr 1705. Wandmalereien gibt es auch in der Kirche von Pintsch. Im Clierftal und um Clerf liegen die Dörfer weit verstreut und der Wanderer, der einsame Pfade sucht, wird sie besonders in dieser Gegend finden.

Ein Schloß aus dem 13. Jahrhundert und ein Schriftsteller aus dem 19. Jahrhundert haben erreicht, daß **Vianden** heute eine der absoluten Hochburgen des Tourismus in Luxemburg geworden ist. Etwa 300.000 Besucher streifen jedes Jahr durch die Viandener Gassen, steigen zur Burg hoch oder besuchen das Haus, in dem Victor Hugo 1871 gewohnt hat. Alles deutet darauf hin, daß der Schriftsteller, den Louis Aragon einmal den "leider größten der französischen Literatur" genannt hat, die Jahrhunderte besser

ample of rococo architecture, and the abbey of Saint Maurice, constructed by the Benedictine fathers in 1910 after being expelled from France.

The church of Saint Hubert at Munshausen figures among special attractions of the Clierf valley. It houses the funeral chapel of the counts of Clervaux. The 13th century tower is the oldest part of the church. Some magnificently carved wooden doors separate the gothic church center from the tower. The nave is decorated with 15th century frescoes. The main Baroque altar dates from 1705. Frescoes are also found in the church at Pintsch. In the valley of the Clierf and around Clervaux villages are quite isolated and the hiker searching for uncrowded pathways will find more of them there than in any other region of the country.

A fortified castle of the 13th century and a writer of the 19th have contributed mightily to make **Vianden** one of the major tourist centers of Luxembourg. Every year some 300,000 visitors stroll through the lanes of Vianden, climbing up to the castle and inspecting the house which Victor Hugo occupied in 1871. It seemed for a time that the

un joyau de l'architecture rococo, et l'abbaye Saint-Maurice, que les pères bénédictins ont fait construire en 1910 après avoir été chassés de France.

L'église Saint Hubert de Munshausen compte parmi les attractions particulières de la vallée de la Clierf. Elle contient la chapelle funéraire des Comtes de Clervaux. La tour du 13e siècle est la partie la plus ancienne de l'église. Des portes en bois magnifiquement ciselé séparent le coeur gothique de la tour. La nef est ornée de fresques du 15e siècle. L'autel baroque date de 1705. Des fresques, on en trouve également dans l'église de Pintsch. Dans la vallée de la Clierf et autour de Clervaux, les villages sont plutôt isolés et le promeneur qui cherche des sentiers solitaires, les trouvera avant tout dans cette région du pays.

Un château-fort du 13e siècle et un écrivain du 19e ont largement contribué à faire de **Vianden** un des grands centres touristiques du Luxembourg. Près de 300.000 visiteurs flânent chaque année dans les ruelles de Vianden, montent au château et visitent la maison que Victor Hugo a habitée en 1871. Il semblait

Altes Vianden mit Victor-Hugo-Haus   Old Vianden with the Victor-Hugo-House   Le vieux Vianden avec la maison de Victor Hugo

iberdauern wird als die Burg. Bis
vor wenigen Jahren noch schien es
.o, als sollte der größte historische
Bau des Landes als Trümmerfeld
·nden.

·chon Victor Hugo hatte sich mit
len Anliegen der Viandener solidari-
iert und den König-Großherzog, der
lie Burg an einen Händler verkauft
1atte, einen "dummen gekrönten
3ürger" beschimpft. Fast 160 Jahre
ollte der Verfall der Burg dauern,
·he es dank dem Einsatz der Vian-
lener, deren Fürsprecher, der lang-
ährige Bürgermeister, Abgeordnete

writer, whom Louis Aragon called
"alas, the greatest of French
literature", withstood the centuries
better than the castle. In fact, several
years ago, the greatest historic building in the country seemed destined
to end its days as a pile of ruins.

Previously, Victor Hugo had aligned
himself with the preoccupations of
the inhabitants of Vianden and had
called the King and Grand Duke who
had sold the castle to a spicemer-
chant a "stupid mediocrity with a
crown". The decay of the castle went
on for 160 years before the enterprise

que l'écrivain, que Louis Aragon a
désigné de "hélas, le plus grand de la
littérature française", résiste mieux
aux siècles que le château. En effet,
il y a plusieurs années encore, le plus
grand bâtiment historique du pays
semblait terminer ses jours en
champs de ruines.

Déjà Victor Hugo s'était solidarisé
avec les préoccupations des habitants
de Vianden et avait appelé le roi-
grand-duc, qui avait vendu le château
à un épicier, un "stupide bourgeois
couronné". Le délabrement du
château allait durer 160 ans, avant

und Europaparlamentarier Vic Abens zu den populärsten Politikern des Landes gehört, gelang, die nötigen Staatsgelder freizumachen, um die Burg nicht nur zu restaurieren, sondern zum Teil auch neu aufzubauen. Die Operation ist gelungen, kann man heute sagen, und über sieben Jahrhunderte nach ihrer ersten Blütezeit dürfte die Burg am Anfang ihrer zweiten stehen.

An der Burg gebaut wurde während über 1000 Jahren. Spuren deuten auf ein früheres römisches Kastell hin; einige Grundmauern dürften aus der Zeit der Karolinger stammen. Die Hauptgebäude wurden dann im 12. und 13. Jahrhundert errichtet, die Westflügel im 15. und 17. Jahrhundert.

In der ersten Hälfte des 13. Jahrhunderts kannte die Burg Vianden ihre große Zeit. Graf Heinrich I. hatte Margarete von Courtenay, die Tochter des Kaisers Peter von Konstantinopel geheiratet und war einer der mächtigsten Herren zwischen Rhein, Mosel und Maas. Heinrich und Margarete beriefen Mönche des Trinitarierordens nach Vianden, die dort eine Kirche bauten und ein Kloster gründeten.

Die große Frömmigkeit der Eltern steigerte sich noch bei den Kindern, und zwar mehr als den Eltern lieb war. Als die Tochter Yolanda verheiratet werden sollte, widersprach sie den Eltern, da sie sich zum Klosterberuf hingezogen fühlte. Sie wurde ins Schloßgefängnis geworfen, entkam jedoch mit Hilfe des klassischen Bettlakens, das sie am Gefängnisturm herunterließ. Die selige Yolanda schlug sich bis ins Kloster Marienthal bei Mersch durch, dessen Vorsteherin sie wurde. Da noch zwei Kinder von Heinrich und Margarete geistliche Berufe wählten und Heinrich seinen ältesten Sohn überlebte, wurde die Erbfolge unklar und unter den Anwärtern auf den Titel brannte ein Streit aus, der die freien Herren

of the city residents - whose spokesman was Vic Abens, burgomaster and a national and European deputy, one of the most popular politicians in the country - bore fruit and the necessary public funds were made available, not only to restore the castle but to rebuild it as well. Today one can say that the operation was a total success. Vianden, 700 years after its finest hours, has recaptured an importance in tourism that it once had in political affairs.

The construction of the castle took more than 1000 years. Certain traces indicate the previous existence of a Roman fort; the oldest parts of the foundation go back to the Carolingian epoch. The principal structures date from the 12th and 13th centuries, the west wings from the 15th and 17th centuries.

The first half of the 13th century was the period when the castle was most important. Count Henry I married Marguerite of Courtenay, daughter of Emperor Pierre of Constantinople and was one of the most powerful lords between the Rhine, the Moselle and the Meuse. Henry and Marguerite brought the Trinitarian monks to Vianden where they built a church and a monastery.

The deep piety of the parents was surpassed by that of their children, not always to the liking of Henry and Marguerite. When their daughter Yolande was of marrigeable age she resisted her parents, feeling in herself a serious religious vocation. The parents had her placed in the prison of the castle from which she escaped by the classic route of bed sheets, attached to the cell's bars. The saintly lady succeeded in reaching the convent of Marienhtal near Mersch where she eventually became the Mother Superior. Since two other children of Henry and Marguerite also chose the religious life, and since Henry outlived his oldest son, the succession to the throne became

que l'engagement des habitants d Vianden, dont le porte-parole Vi Abens, ancien bourgmestre, déput national et européen, un des homme politiques les plus populaires d pays, ne porte ses fruits et que le fonds publiques nécessaires no seulement pour restaurer le châtea mais pour le reconstruire aussi, n soient débloqués. On peut dire au jourd'hui que l'opération a réuss complètement. 700 ans après so apogée, Vianden a regagné sur l plan touristique l'importance qu'ell avait jadis sur le plan politique.

La construction du château a dur plus de 1000 ans. Certaines traces in diquent la présence d'un fort romair les plus anciennes fondations re montent à l'époque carolingienne Les bâtiments principaux datent d 12e et du 13e siècle, les ailes oues du 15e et du 17e siècle.

La première moitié du 13e siècl était la grande époque du château d Vianden. Comte Henri Ier venai d'épouser Marguerite de Courtenay la fille de l'empereur Pierre de Cons tantinople et était l'un des seigneur les plus puissants entre le Rhin, l Moselle et la Meuse. Henri et Mar guerite faisaient venir des moine Trinitaires à Vianden, qui y cons truirent une église et fondèrent u monastère.

La grande piété des parents étai encore surpassée par celle des en fants, ce qui n'était pas toujours d goût de Henri et Marguerite. Lorsqu leur fille Yolande était en âge de s marier, elle tenait tête à ses parent sentant en elle une sérieuse vocatio religieuse. Les parents la firent jete dans la prison du château, dont ell put s'échapper grâce au classiqu drap de lit attaché aux barreaux de l prison. La sainte femme réussit gagner le couvent de Marienthal prè de Mersch, dont elle devint la mèr supérieure. Comme deux autre enfants de Henri et de Marguerit choisissaient la vie religieuse e

Die schönste Luxemburger Burg: Vianden

The most beautiful castle of Luxembourg:
Vianden

Le plus beau château-fort luxembourgeois:
Vianden

von Vianden unter die Lehnsherr-schaft der Grafen von Luxemburg trieb.

Später gelangten die Burg und die Grafschaft in die Hände des Hauses Oranien-Nassau, dessen Nachfolger sich kaum noch in Vianden aufhiel-ten, dafür Könige der Niederlande und Großherzoge Luxemburgs wur-den.

Einer von ihnen, Wilhelm I., ver-kaufte die Burg 1820 für 3.200 Gul-den an den Viandener Geschäfts-mann Wenzeslas Coster, dem es fast gelang, in sieben Jahren zu zerstören, was in Jahrhunderten errichtet wor-den war. Coster war nur am Rohma-terial des Baus interessiert, riß Dä-

confused. A quarrel between the pretenders to the throne resulted in the free lords of Vianden being placed under the sovereignty of the Count of Luxembourg.

Some years later, the castle and the land ruled by the count passed to the house of Orange-Nassau whose des-cendents rarely visited Vianden but became the kings of the Low Coun-tries and Grand Dukes of Luxem-bourg.

It was one of them, William I, who in 1820 sold the castle for 3,200 florins to Wenceslas Coster, a mer-chant in Vianden. In seven years Coster destroyed the work of several dozens of generations. Interested

comme Henri survécut à son fils aîné, la succession du trône devenait confuse. Une querelle entre les pré-tendants poussait les libres seigneurs de Vianden sous la souveraineté du comte de Luxembourg.

Des années plus tard, le château et le comté passaient à la maison d'Orange-Nassau dont les descen-dants ne séjournaient plus guère à Vianden, mais devenaient rois des Pays-Bas et grand-ducs de Luxem-bourg.

L'un d'eux, Guillaume Ier, a vendu en 1820 le château pour 3.200 florins à Wenceslas Coster, de son état com-merçant à Vianden. Coster a failli détruire en sept ans le travail de plu-

cher, Täfelungen, Türen und Fenster ab, um sie gewinnbringend zu verkaufen. Als Wilhelm I. die Burg 1827 nach landesweiter Entrüstung für 1.100 Gulden zurückkaufte, war sie nur noch eine Ruine. Die immer wieder geplante Restaurierung wurde anderthalb Jahrhunderte hinausgezögert, ehe sie, nachdem Großherzog Jean dem Luxemburger Staat das Schloß überlassen hatte, 1978 endlich in Angriff genommen werden konnte.

Bei einem Besuch in Vianden sollte man es auf keinen Fall versäumen neben der Burg auch den Ort selbst zu besichtigen mit seinen herrlich restaurierten, mittelalterlichen Adels- und Handwerkerhäusern (das Haus Veyder z.B., das heute als Stadthaus dient, stammt aus dem Jahr 1579), seinen fünf Kirchen und Kapellen (Trinitarierkirche, 1248, St. Nikolauskirche, 13. Jahrhundert, Sodalitätskapelle, 1757, St. Rochuskirche, 1770 und Bildchen-Kapelle, 1848) und seinen Museen. Das Folkloremuseum Edouard Wolff besitzt eine Sammlung mit Möbeln und Haushaltsgeräten aus früheren Jahrhunderten; das Victor-Hugo-Haus neben der Ourbrücke erinnert an den Aufenthalt des Schriftstellers in Vianden. Darüberhinaus gibt es noch ein Automobil-Miniaturen-Museum.

Zwei Denkmäler weisen darauf hin, daß auch bedeutende Luxemburger Schriftsteller eng mit Vianden verwurzelt waren. Edmond de la Fontaine, der unter dem Namen Dicks veröffentlichte, verbrachte als Friedensrichter die letzten zehn Jahre seines Lebens in Vianden. René Engelmann, Sprachforscher und Novellist wurde hier geboren.

Wiltz war einst das bedeutendste Industriezentrum des Landes. Lange bevor im Süden das Eisenerz entdeckt wurde und sich die ökonomischen Schwerpunkte im Land verlagerten, blühten in Wiltz die Leder- und die Wollindustrie. Die Gerbe-

only in the raw materials of the building, he tore off the roof tiles, the woodwork, the doors and the windows to sell them piecemeal at a huge profit. When William the First repurchased the castle in 1827, as a result of the entire country's indignation, he paid 1,100 florins for a ruin. The restoration of the castle, promised from time to time, was discussed for a century and a half. It was only in 1978, after Grand Duke Jean had transferred the ownership rights of the castle to the Luxembourg state, that the reconstruction could be begin.

Although the castle is the main attraction of the tourist center of Vianden, it is far from being the only one. A visit to the city should never be limited to the castle alone but should extend to the beautiful homes of aristocrats and artisans, including the Veyder house, constructed in 1579 and today used as headquarters for the mayor, the five churches and chapels - the church of the Trinitarians (1248), the church of St. Nicholas (13th century), the chapel of the Sodality (1757), the church of St. Roch (1770) and the chapel of Bildchen (1848) - and the museums of Vianden. The Edouard Wolff folklore museum displays furniture and household articles of ancient days in their original setting while the Victor Hugo house, alongside the bridge over the Our river, commemorates the writer's stay in Vianden. Further exists a museum with a collection of miniature automobiles.

Two monuments serve to remind that in addition to Victor Hugo two important Luxembourg writers also lived at Vianden; Edmond de la Fontaine, who published under the pen-name of Dicks, spent his last ten years as justice of the peace there and the literary scholar and poet, René Engelmann, was born in Vianden.

In ancient times **Wiltz** was the most

sieurs dizaines de générations. Intéressé seulement par la matière première, il arrachait les toitures, les boiseries, les portes et les fenêtres du château pour les vendre au détail et à grand profit. Quand Guillaume Ier rachetait le château en 1827, après l'indignation de tout le pays, il payait 1.100 florins pour une ruine. La restauration du château, annoncée de temps en temps, allait être reportée pendant plus d'un siècle et demi. Ce n'est qu'en 1978, après que le Grand-Duc Jean ait transmis les droits de propriété du château à l'Etat luxembourgeois, que la reconstruction a pu être commencée.

Le château étant le principal attrait du centre touristique de Vianden, il n'en est pas le seul, loin de là. Une visite de la ville ne devrait jamais se limiter au château, mais devrait s'étendre aux belles maisons d'aristocrates et d'artisans, dont la maison Veyder, construite en 1579 et servant aujourd'hui de mairie, aux cinq églises et chapelles, l'église des Trinitaires (1248), l'église Saint-Nicolas (13e siècle), la chapelle de la Sodalité (1757), l'église Saint-Roch (1770), la chapelle du Bildchen (1848) et aux musées de Vianden. Le musée folklorique Edouard Wolff expose du mobilier et des articles ménagers d'époque, tandis que la maison Victor Hugo, à côté du pont de l'Our rappelle le séjour de l'écrivain à Vianden. En outre, il existe un musée d'automobiles en miniature.

Deux monuments indiquent qu'outre Victor Hugo, deux importants écrivains luxembourgeois ont séjourné à Vianden. Edmond de la Fontaine, qui a publié sous le pseudonyme de Dicks, a passé les dix dernières années de sa vie comme juge de paix à Vianden et le philologue réputé et poète René Engelmann y est né.

Jadis **Wiltz** était le centre industriel le plus important du pays. Longtemps avant que l'on ne découvre le minerai de fer dans le sud et que la

reien und Webstuben machten den Ort im 19. Jahrhundert zur Hauptstadt des Öslings.

Schon im frühen Mittelalter hatte sich Wiltz zu einer reichen Handelsstadt an der Hauptverkehrsader zwischen Luxemburg-Stadt, den belgischen Ardennenstädtchen und den holländischen Handelszentren entwickelt. Eine Burg in Niederwiltz sollte den Marktflecken vor Angriffen schützen, lag aber strategisch so falsch, daß sie immer wieder eingenommen wurde. Man entschloß sich im 12. Jahrhundert in Oberwiltz eine neue Burg zu errichten, dort wo 1631 Johann von Wiltz den Grundstein zum heutigen Schloß legte, das erst 1714 vollendet wurde.

Auch nach dem Niedergang der Wiltzer Industrie um die letzte Jahr-

important industrial center in the country. Long before iron ore was discovered in the south and the concentration of the economy moved to that region, industries based on leather and wool flourished at Wiltz. Tanneries and weaving mills in the 19th century made the city the capital of the Luxembourg Ardennes.

In the Middle Ages Wiltz was a prosperous hub of commerce along the vital highway that linked Luxembourg to cities in the Belgian Ardennes and to the urban concentrations of the Low Countries. A fortified castle at Niederwiltz was created to protect the market place from enemy attacks but it was sited in such a poor location strategically that it fell to every assault. It was thus decided to build a new fortified

concentration économique ne se déplace vers cette région, fleurissaient à Wiltz les industries du cuir et de la laine. Les tanneries et les ateliers de tissage firent de la ville au 19e siècle la capitale des Ardennes luxembourgeoises.

Déjà au moyen-âge Wiltz était un riche centre commercial sur la voie importante qui liait Luxembourg aux villes des Ardennes belges et au centres urbains des Pays-Bas. Un château-fort à Niederwiltz devait protéger la place commerciale d'attaques ennemies, mais était situé à un endroit stratégiquement si faible qu'il tombait à tous les assauts. Au 12e siècle, un nouveau château-fort fut construit à Oberwiltz à l'endroit même où en 1631 Jean de Wiltz entreprit la construction du château

Das Ourtal   The Our valley   La vallée de l'our

hundertwende brachte die Stadt es
fertig, sich wirtschaftlich zu erneu-
ern. Eine Lederfabrik beschäftigte
vor dem Zweiten Weltkrieg über
1.000 Arbeiter. Heute haben kleinere
Bodenbelag- und Kunststofffabriken
ihre Rolle übernommen.

Im Zweiten Weltkrieg geriet Wiltz
gleich zweimal ins Rampenlicht der
Weltöffentlichkeit, und wenn die
Stadt heute zu den meistbesuchten
des Landes gehört, dann verdankt sie
das auch zu einem kleinen Teil ihrer
wichtigen Rolle in jenen schweren
Tagen.

Am 31. August 1942 zeigten die Einwohner von Wiltz und nach ihnen
die des Landes dem deutschen Be-
satzer, daß Luxemburg absolut nicht
Willens war, sich ohne Gegenwehr
dem Reich anschließen zu lassen.

Soeben hatten die Nazis beschlossen,
die Wehrpflicht für Luxemburger
einzuführen. Am folgenden Tag riefen die Arbeiter der Wiltzer Leder-
brik den Streik aus. Die Beamten
schlossen sich an, die Lehrer schick-
ten ihre Schüler nach Hause. Die

castle at Oberwiltz, a decision made
in the 12th century, at the same place
where, in 1631, Jean de Wiltz began
the construction of the actual castle,
completed in 1714.

After industry at Wiltz fell into a
decline at the end of the 19th century, the city was able to revive its
economy. Before the second World
War leather working occupied more
than 1,000 employees. Today che-
mical plants making soil nutrients
and plastics provide the economic
impetus.

During the second World War Wiltz
was the subject of world news co-
verage on two occasions and if today
it is one of the cities with a great
many visitors it is due to the important part it played during those
dark days.

On the 31st of August, 1942, the
inhabitants of Wiltz first of all, then
those of the rest of the country, demonstrated to the Nazi occupying
forces that Luxembourg had no
intention of being incorporated into
the Reich without resistance. The

actuel, achevé seulement en 1714.

Après la déchéance de l'industrie de
Wiltz à la fin du siècle dernier, la
ville réussit à restructurer son essor
économique. Avant la Deuxième
Guerre Mondiale, une fabrique de
cuir occupait plus de 1.000 ouvriers.
Aujourd'hui des usines chimiques
qui produisent des revêtements de
sol et des matières plastiques ont pris
la relève.

Pendant la Deuxième Guerre Mondiale, Wiltz se retrouva à deux reprises sous les projecteurs de l'actua-
lité mondiale et si la ville est aujourd'hui l'une de celles qui comptent
le plus de visiteurs, elle le doit en
partie au rôle important qu'elle jouait
pendant ces jours sinistres.

Le 31 août 1942, les habitants de
Wiltz d'abord, et ceux du pays plus
tard, montrèrent à l'occupant nazi
que le Luxembourg n'avait nullement
l'intention de se laisser intégrer au
Reich sans résistance. Les Allemands venaient de décider le service
obligatoire dans la Wehrmacht pour
les jeunes Luxembourgeois. Le len-

Nachricht vom Wiltzer Streik erreichte innerhalb weniger Stunden das ganze Land. In den Stahlwerken des Südens riefen die Sirenen zur Arbeitsniederlegung auf. Der Streik wurde zum Generalstreik.

Der Gegenschlag der Nazis nach dem ersten Streik überhaupt gegen ihr Terrorregime ließ nicht auf sich warten. Streikende wurden zum Tode verurteilt und hingerichtet oder in die Konzentrationslager verschleppt. Der Welt aber war die Bedeutung des Luxemburger Widerstandes klar geworden.

Zweieinhalb Jahre später wurden Wiltz und seine Umgebung Schauplatz der blutigsten Schlacht der Luxemburger Geschichte. Im Vorfeld von Bastogne wurde Wiltz am 18. Dezember 1944 von den Deutschen umzingelt und eingenommen. Die Zurückeroberung der Amerikaner begann am 31. Dezember und sollte bis zum 20. Januar dauern. Der letzte Angriff hielt 16 Tage lang an, während denen 80 % der Wiltzer Häuser schwer beschädigt oder total zerstört wurden. Die Gegend um Wiltz, mit ihren kleinen Dörfern und einsamen Bauernhöfen war ein einziges Trümmerfeld.

An die Streikenden erinnert heute ein Denkmal, an die Ardennenschlacht ein Museum. Nach dem Krieg und dem Wiederaufbau wurde Wiltz dann das touristische und kulturelle Zentrum, das es bis heute geblieben ist. Vieles dazu beigetragen hat das Freilichttheater- und Musikfestival, das in jedem Sommer weltbekannte Künstler und zahlreiche Gäste in den Innenhof des Schlosses lockt, indem sich auch ein Folklore- und Handwerksmuseum befindet.

Am Pfingstmontag kleidet sich Wiltz in den Farben des Öslings, in dem Gelb des blühenden Ginsters. Durch die Straßen zieht der "Corso fleuri"

Schloß Wiltz
Wiltz Castle
Le château de Wiltz

Germans had just ordered compulsory service in the Wehrmacht for young Luxembourgers. The following day, the leatherworkers at Wiltz called a strike. Management people joined the movement and teachers closed the schools. The news of the strike spread throughout the country in a few hours. In the steel industrial region sirens sounded the call to strike which, in a single day, became general.

The reaction of the Nazis was immediate. The first strike against their reign of terror was repressed with brutality. Many strikers were condemned to death and executed, others were sent to concentration camps. But the world heard the news of major resistance in Luxembourg.

Two and a half years later, Wiltz and its environs became the locale for the bloodiest battle in Luxembourg history. Situated on the road to Bastogne, Wiltz was surrounded and invaded by the German army on the 18th of December, 1944. Recapture by the Americans began on 31 December and finally succeeded on 20 January, 1945. During a 16-day attack, 80% of the houses in Wiltz were either destroyed or heavily damaged. The surrounding areas, with their small villages and isolated farms, were nothing but a vast field of ruins.

Today a monument commemorates the heroism of the strikers and a museum the ferocity of the battle of the Ardennes. After the war and reconstruction Wiltz became a focal point for the tourism and culture that we know today. An annual open air festival of theatre and music has contributed a great deal for each year it brings together artists of world stature and an ever-increasing public to the site of the castle. The arts and crafts museum in the former stables is worth to be visited.

On Pentecost Monday, Wiltz is decorated in the colors of the Oesling, the

demain les ouvriers de la fabrique de cuir de Wiltz lancèrent l'ordre de grève. Les fonctionnaires joignirent le mouvement, les instituteurs fermèrent les écoles. La nouvelle de la grève fit le tour du pays en quelques heures. Dans la région sidérurgique les sirènes propagèrent l'appel à la grève qui en un jour devint générale.

La riposte des nazis ne se fit pas attendre. La première grève dirigée contre leur régime de terreur était réprimée de façon brutale. Plusieurs grévistes étaient condamnés à mort et exécutés, d'autres partaient aux camps de concentration. Mais le monde apprit la nouvelle de l'importante résistance luxembourgeoise.

Deux ans et demi plus tard Wiltz et ses environs devinrent le théâtre de la bataille la plus sanglante de l'Histoire luxembourgeoise. Situé sur la route de Bastogne, Wiltz fut encerclé et envahi le 18 décembre 1944 par l'armée allemande. La reconquête américaine commença le 31 décembre pour ne réussir que le 20 janvier. La dernière attaque durait 16 jours, pendant lesquels 80% des maisons de Wiltz étaient détruites ou lourdement endommagées. Les alentours de Wiltz, avec leurs petits villages et leurs fermes isolées, n'étaient plus qu'un vaste champ de ruines.

Aujourd'hui un monument rappelle l'héroisme des grévistes, un musée la dureté de la bataille des Ardennes. Après la guerre et après la reconstruction, Wiltz est devenu le haut lieu du tourisme et de la culture que nous connaissons aujourd'hui. A cette évolution positive le festival annuel de théâtre et de musique en plein air a largement contribué. Chaque année il rassemble des artistes de renommée mondiale et un public toujours croissant sur le parvis du château. Le musée des arts et métiers est installé dans les anciennes écuries.

Le lundi de pentecôte, Wiltz s'habille dans les couleurs de l'Oesling, dans

des "Gënzefest" mit seinen folklo-
ristischen Gruppen, den blumenge-
schmückten Wagen und zahlreichen
Musikgesellschaften. Tausende von
Luxemburgern geben sich alljährlich
hier ein Stelldichein, um den auf-
kommenden Sommer zu feiern.

Zweimal im Jahr kommen auch in
Wiltz die gläubigen Luxemburger
Portugiesen zusammen, um zur Mut-
tergottes von Fatima zu pilgern. Eine
Kopie des wichtigsten Heiligtums
des katholischen Portugal wurde

yellow of heather in bloom. The
streets of the city are filled with a
procession of floats of the "Gen-
zefest" carrying folkloric groups,
wagons decorated with flowers, and
many musical societies. Each year
thousands of Luxembourgers take
part in this festival which salutes the
arrival of summer in the Luxembourg Ardennes.

Two times a year, Portuguese faithful
living in Luxembourg also gather at

le jaune du genêt en fleur. Les rues
de la ville sont traversées par un corso fleuri du "Gënzefest" avec ses
groupes folkloriques, les chars ornés
de fleurs et de nombreuses sociétés
musicales. Des milliers de Luxembourgeois participent chaque année à
cette fête qui salue la venue de l'été
dans les Ardennes luxembourgeoises.

Deux fois par an, les Portugais
croyants qui habitent le Luxembourg
se rassemblent également à Wiltz

Ginsterfest und portugiesische Wallfahrt in Wiltz Broom Festival and portugese pilgrimage in Wiltz Fête du genêt et pèlerinage portugais à Wiltz

1952 in Wiltz errichtet. Den rund 30.000 Portugiesen, die in Luxemburg leben, ermöglicht sie heute eine Beteiligung an der größten Wallfahrt ihres Landes.

Die Freunde des Paddelsports und des geselligen Wanderns kommen im Wiltztal auf ihre Kosten. Ab Merkholz kann man Kajak und Kanu ins Wasser einsetzen, um dann bis nach Kautenbach zu paddeln, wo die Clierf einmündet oder bis nach Goebelsmühle, wo die beiden Bäche zusammen in die Sauer fließen. Kautenbach liegt im geographischen Zentrum des Öslings. Hier, am Fuß der Schüttburg, kreuzen sich eine Vielzahl Wanderpfade nach Clerf, Vianden, Wiltz, Esch-Sauer und Diekirch.

Neben den bekanntesten Touristenzentren Clerf, Wiltz und Vianden bietet der Norden Luxemburgs noch eine Vielzahl bescheidenere Ortschaften und Landschaften, zu denen sich ein Ausflug lohnt. Etwa **Esch-Sauer**, unterhalb des Staudammes oder auch **Bourscheid**, **Rindschleiden** oder **Brandenburg**.

Bereits 927 zählte Esch 146 Einwohner. Damals entstanden die ersten Teile der Burg, die heute nur noch als Ruine besichtigt werden kann. Ende des 10. Jahrhunderts kannte die Burgsiedlung ihre Blütezeit. Der heute noch erhaltene Burgfried mit seinem Grundriß von 8 auf

Wiltz for a pilgrimage to the Blessed Virgin of Fatima. A replica of the most important saint in Portugal was erected at Wiltz in 1952. Today it enables the 30,000 Portuguese in Luxembourg to participate in the major religious festival of their native land.

Enthusiasts of canoeing and hiking can find what they seek in the friendly valley of the Wiltz. Below Merkholz a canoe or a kayak can be launched on the river and navigated as far as Kautenbach where the river joins with the Clierf, or to Goebelsmühle where it mixes with the Sûre. Kautenbach is located at the geographic center of the Oesling. In this peaceful village, the most important trails of the region cross, linking Clervaux, Vianden, Wiltz, Esch-sur-Sûre and Diekirch.

Besides the best-known tourist centers - Clervaux, Wiltz and Vianden - the North of Luxembourg offers many less well-known villages and landscapes that are worth a detour. We need only mention **Esch-sur-Sûre**, downstream from the dam, or **Bourscheid**, **Rindschleiden** and **Brandenbourg**.

As long ago as 927 Esch had 146 inhabitants. It was at that time that the oldest parts of the fortified castle were built, traces of which can be visited today. The end of the 10th century was the period when the

pour un pèlerinage à la Sainte Vierge de Fatima. Une copie du lieu saint le plus important du Portugal a été installée en 1952 à Wiltz. Aujourd' hui, il permet aux 30.000 Portugais habitant le Luxembourg, de participer à la plus grande fête religieuse de leur pays.

Les amateurs de pagayage et des randonnées pédestres arriveront à leur fin dans la sympathique vallée de la Wiltz. Après Merkholz on peut mettre à l'eau son kayak ou son canoe pour descendre la rivière jusqu'à Kautenbach, où elle rejoint la Clierf, ou jusqu'à Goebelsmühle, où elles coulent ensemble dans la Sûre. Kautenbach est situé au centre géographique de l'Oesling. Dans le paisible village se croisent les promenades importantes de la région qui joignent Clervaux, Vianden, Wiltz, Esch-sur-Sûre et Diekirch.

A côté des centres touristiques les plus connus, à savoir Clervaux, Wiltz et Vianden, le Nord du Luxembourg offre une quantité de localités et de paysages plus modestes qui méritent bien un détour. Nous ne citerons que **Esch-sur-Sûre**, en aval du barrage, ou bien **Bourscheid**, **Rindschleiden** et **Brandenbourg**.

Déjà en 927 Esch comptait 146 habitants. C'est à cette époque qu'ont été bâties les plus anciennes parties du château-fort, dont on visite aujourd'hui les vestiges. A la fin du

Esch-Sauer   Esch-sur-Sûre

8 Meter stammt aus jener Zeit. Nach der Französischen Revolution wurde die Burg zum Teil abgerissen; das Baumaterial wurde neu verarbeitet. Die reiche Gerber- und Wollweber-siedlung verarmte, ehe der Touris-mus einen neuen Aufschwung brachte.Heute gehört Esch-Sauer, am Fuß des größten Luxemburger Stau-werkes, zu den meistbesuchten Tou-ristenorten des Landes.

Nach Schloß Vianden ist **Bourscheid** der zweitgrößte mittelalterliche Bau des Landes. Das Kernstück der Burg entstand im 11. Jahrhundert. Im 14. Jahrhundert wurde die mit sieben Wehrtürmen ausgestattete Schloß-mauer errichtet. Um 1800 begann

village was at its height in im-portance. The main tower, still preserved, with its eight square meter base, dates from that period. After the French Revolution most of the castle was destroyed and pieces from it were incorporated in buildings elsewhere. A prosperous village of hide-tanners and weavers lapsed into poverty before being discovered by tourism. Today, Esch-sur-Sûre is among the most popular places for tourists in Luxembourg.

For sheer size, the fortified castle at **Bourscheid** is the second most important medieval building in the country, after Vianden. The central part of the castle was built in the 11th century. The defensive wall

10e siècle, le bourg connut son apo-gée. La tour principale conservée jusqu'à nos jours et dont la base fait 8 sur 8 m date de cette époque. Après la Révolution Française, le château a été démoli en grande par-tie; le matériau fut réutilisé ailleurs. Le prospère village de tanneurs et de tisserands a connu des jours de pau-vreté avant d'être découvert par le tourisme. Aujourd'hui Esch-sur-Sûre compte parmi les hauts lieux du tourisme luxembourgeois.

Par ses dimensions, le château-fort de **Bourscheid** est, après Vianden, le deuxième bâtiment médiéval du pays. La partie centrale du château a été construite au 11e siècle. Au 14e siècle étaient élevés le mur de défen-

dann der Verfall der stolzen Gebäude. Die Kapelle aus dem 11. Jahrhundert stürzte ein, der Blitz schlug in den monumentalen, offenen Kamin. Erst 1972 begannen die Restaurationsarbeiten, die der Burg heute einen Teil ihres früheren Glanzes wiedergegeben haben.

Abseits der Hauptstraße Eschdorf-Martelingen, versteckt in einem Talkessel, liegt der winzige Flecken **Rindschleiden.** Der kleine Umweg von der Durchgangsstrecke lohnt sich. Die kleine gotische Kirche des Ortes enthält nämlich die schönsten Fresken des Landes. Die 1952 wiederentdeckten Wand- und Deckenmalereien aus dem 15. Jahrhundert stammen von verschiedenen unbekannten Künstlern und schildern Szenen aus dem Alten und dem Neuen Testament. Sie sollten früher den Leuten, die nicht lesen und schreiben konnten, die Bibel zugänglich machen.

Einige Kilometer hinter **Diekirch,**

with its seven towers was erected in the 14th century. Towards 1800 decay began to set in on the proud building. The 11th century chapel collapsed, lightning struck the massive open chimney. Restoration was not undertaken until 1972, to bring the castle back to its past splendor.

On the stretch of the national highway between Eschdorf and Martelange lies the tiny hamlet of **Rindschleiden,** hidden in a valley. A small detour off the main road is worth the trouble. The little Gothic church in the village shelters what are, in fact, the most beautiful frescoes in the entire country. Rediscovered in 1952, the mural paintings were painted in the 15th century by different unknown artists. They portray various scenes from the Old and New Testaments, painted at the time for the faithful who could neither read nor write. Several kilometers from **Diekirch** on the

se et ses sept tours. Vers 1800 commença la déchéance du fier bâtiment. La chapelle du 11e siècle s'écroula, la foudre frappa la monumentale cheminée ouverte. Ce n'est qu'en 1972 que les travaux de restauration furent engagés afin de rendre au château sa splendeur passée.

A l'écart de la route nationale de Eschdorf à Martelange se situe le minuscule hameau de **Rindschleiden,** caché dans un vallon. Le petit détour de la route principale vaut la peine. Dans la petite église gothique du village se cachent en effet les plus belles fresques de tout le pays. Redécouvertes en 1952, les peintures murales ont été peintes au 15e siècle par différents artistes inconnus. Elles représentent des scènes de l'ancien et du nouveau testament, destinées à l'époque aux fidèles ne sachant ni lire ni écrire.
A quelques kilomètres de **Diekirch,** sur la route de Vianden, se trouve le petit village de Brandenbourg, dans

Bourscheid

65

Die Kirche in Rindschleiden mit ihren Fresken aus dem 15. Jahrhundert

The church of Rindschleiden with its frescoes from the 15th century

L'église de Rindschleiden avec ses fresques du 15e siècle

auf der Strecke nach Vianden, liegt im Bleestal das Dorf Brandenburg, mit einer sehenswerten Burgruine auf einem Bergrücken und einem kleinen Museum. Brandenburg besitzt heute noch jenen Charme, der den restaurierten Schlössern in den letzten Jahren verloren ging. Hier kann man auf eigene Faust, ohne Eintrittsgeld und ohne Fremdenführer, mit einer Taschenlampe ausgerüstet, im alten Kellergewölbe und in den unterirdischen Gängen herumstöbern. Die ältesten Teile der Burg stammen aus dem 10. Jahrhundert. Ausgebaut wurde im 15. und frühen 16. Jahrhundert.

Der Ausdruck "Nordstadt" wurde im Zusammenhang mit dem Landesplanungsprogramm für den Norden, als Gegenstück zum Ballungsraum "Südstadt" zwischen Düdelingen und Rodange, erfunden. Die Nordstadt, das sind zwei Städte von jeweils rund 6.000 Einwohnern, Ettelbrück und Diekirch, die, an der Trennungslinie zwischen Gutland und Ösling gelegen, eine absolut wichtige Rolle für die Wirtschaft Nord-Luxemburgs spielen. Zählt man das Industriezentrum Colmar-Berg mit der zweitgrößten Luxemburger Privatindustrie, der Reifenfirma Goodyear hinzu, dann wird die Pforte des Öslings gleichzeitig wirtschaftliches Zentrum der Gegend.

In Colmar-Berg befindet sich auch, auf Schloß Berg, der Wohnsitz der großherzoglichen Familie. Mit seinem 65 m hohen Bergfried entstand das Schloß um 1400. 1850 wurde es im neugotischen Stil umgebaut. 1910 erhielt es sein heutiges Aussehen. Seither wohnt das Luxemburger Staatsoberhaupt auf Schloß Berg.

Ettelbrück ist der neuere Teil der Nordstadt und der größte. Der Bau der Eisenbahn ließ das Dorf sich zur blühenden Handelsstadt entwickeln. Die Öslinger Landwirte schicken ihre Kinder in die Ettelbrücker Landwirtschaftsschule und kommen

road to Vianden lies the little village of Brandenbourg, in the valley of the Blees, where remains of a fortified castle are perched on a crest. The village has also a little museum. Brandenbourg has preserved the charm of the restored castle. A visitor can enter the castle alone, without an entry fee or a guide, equipped with only a flash-light, to explore ancient vaulted cellars and underground passages. The oldest part of the castle dates from the 10th century; the buildings were enlarged in the 15th and 16th centuries.

The term "Nordstadt" (northern metropolis), was invented as part of a program to reorganize the country's northern territory, while the term "Sudstadt" refers to the urbanized area from Dudelange to Rodange. The Nordstadt includes two cities each with approximately 6,000 inhabitants - Diekirch and Ettelbruck - located on the edges of the Oesling and the Gutland, and which play an important role in the economy of north Luxembourg. To those cities is added Colmar-Berg where the second largest private company, Goodyear, is located so that the doorway to the Oesling also becomes its most important economic center.

Besides the tire factory of Goodyear at Colmar-Berg there is also the castle at Berg where the Grand-Ducal family lives. With its 65-meter high keep, the castle was built around 1400. After major transformations in 1850 to a neo-Gothic style, it was altered to its present form in 1910. Since that date it has been the official residence of the Luxembourg head of state.

Ettelbruck is the newest and largest part of the Nordstadt. With the arrival of the railroad line, the village was transformed into a flourishing commercial city. The farmers of the Oesling send their children to the agricultural school there and they also come into the city for their

la vallée de la Blees, avec les vestiges d'un château-fort intéressant situé sur une crête et un petit musée. Brandenbourg a gardé le charme que les châteaux restaurés ont perdu quelque peu ces dernières années. Ici on peut partir seul sans ticket d'entrée et sans guide, équipé tout juste d'une lampe de poche, à la découverte de vieilles caves voutées et des passages souterrains. La partie la plus ancienne du château date du 10e siècle. Les bâtiments ont été agrandis aux 15e et 16e siècles.

Le terme de "Nordstadt" a été inventé dans le cadre d'un programme d'aménagement du territoire pour le nord, comme pendant à la "Südstadt", le centre urbain allant de Dudelange à Rodange. La Nordstadt, ce sont deux villes de plus ou moins 6.000 habitants chacune, Ettelbrück et Diekirch, situées sur la limite entre l'Oesling et le Gutland et qui jouent un rôle important dans l'économie de tout le nord du pays. En ajoutant le centre industriel de Colmar-Berg avec, en grandeur, la deuxième entreprise privée du pays, l'usine à pneu Goodyear, la porte de l'Oesling devient également son centre économique le plus important.

A Colmar-Berg se trouve outre la Goodyear, le château de Berg, où habite la famille grand-ducale. Avec son donjon haut de 65 m, le château a été construit vers 1400. Transformé fondamentalement en 1850 en un style néo-gothique, il reçut son aspect actuel en 1910. Depuis cette date il est habité par le Chef d'Etat Luxembourgeois.

Ettelbruck est la partie la plus récente et la plus grande de la Nordstadt. La construction de la ligne de chemin de fer a transformé le village en ville commerciale florissante. Les agriculteurs de l'Oesling envoient leurs enfants au lycée technique agricole d'Ettelbruck et y descendent pour se ravitailler. En été on se rencontre aux foires agricoles ou lors

Brandenbourg

nach Ettelbrück um einzukaufen. Im Sommer trifft man sich hier auf landwirtschaftlichen Ausstellungen oder Rinder- und Pferdewettbewerben.

Einmal im Jahr wird Ettelbrück zu "Patton-Town", wenn am Remembrance Day an die entscheidenden Angriffe des General George Patton und der amerikanischen Armee während der Ardennenschlacht erinnert wird. In Ettelbrück sind drei Museen

supplies. In summer they meet each other at the agricultural fairs or during the horse and cattle shows. Once each year Ettelbruck becomes "Patton-Town", on Remembrance Day, which is held to commemorate the decisive phases of the battle of the Ardennes in which the American army, led by General Patton, took part. Ettelbruck has three museums.

There was a settlement at Diekirch

des concours de bovins et de chevaux. Une fois par an Ettelbruck devient "Patton-Town", lors du Remembrance Day, en souvenir des phases décisives de la bataille des Ardennes menées par le Général George Patton et par l'armée américaine. A Ettelbruck on peut visiter trois musées.

L'agglomération de Diekirch existait déjà à l'époque pré-romaine. Les Ro-

zu besichtigen.

Die Siedlung Diekirch bestand bereits in vorrömischer Zeit. Aus der Römerzeit stammen Mauerreste, Fundamente eines Tempels und drei Mosaikböden, die man heute im städtischen Museum sehen kann. Die St. Laurentiuskirche ist eine der ältesten christlichen Kultstätten des Landes. Die Fundamente, die bereits über einem römischen Bau angelegt wurden, stammen aus dem 5. Jahrhundert. Ein Altar aus jener Zeit wurde bei Restaurationsarbeiten 1961 fast zwei Meter unter dem heutigen Bodenniveau gefunden. Den Grundriß des frühchristlichen Baus hat eine Krypta beibehalten, in der sich 22 Gräber aus der Merowingerzeit, zwei davon um 700, die andern etwa 100 Jahre jünger, befinden. Die Särge wurden alle im Originalzustand belassen.

Über der Urkirche entstand im 11.

even in pre-Roman times. The Romans themselves left behind several stone walls, foundations of a temple and three mosaics which can be seen in the city's museum. The church of St. Laurent is one of the oldest religious sites in Luxembourg. The foundation rests on the remains of a Roman building and dates from the 5th century. An altar from that period was found nearly two meters below the present floor level in 1961 during restoration works. The original plan of the first building revealed the presence of a crypt in which 22 tombs from the Merovingian epoch were discovered, two of them dating from 700 A.D., the others more recent by 100 years. The sarcophagi are preserved in their original state.

In the 11th century a Roman style structure was built on top of the ancient church; it was renovated in the

mains y ont laissé quelques pierres murales, les fondations d'un temple et trois mosaïques que l'on peut admirer au musée de la ville. L'église Saint Laurent est un des lieux religieux les plus anciens du Luxembourg. Les fondations, posées sur les restes d'un bâtiment romain, datent du 5e siècle. Un autel de cette époque a été retrouvé en 1961 lors de travaux de restauration à presque deux mètres sous le niveau actuel. Le plan original du premier bâtiment a été maintenu pour la construction d'une crypte, dans laquelle ont été découvert les 22 tombes de l'époque mérovingienne, dont deux datent de 700, et les autres sont plus récentes de 100 ans. Les sarcophages ont été conservés dans leur état d'origine.

Sur les vestiges de la vieille église a été construit au 11e siècle un bâtiment de style roman, rénové en style gothique au 15e siècle. Seul le clo-

Diekirch

Die alte Kirche aus dem 11. Jahrhundert
The old church from the 11th century
La vieille église du 11e siècle

Jahrhundert ein romanischer Bau, der im 15. Jahrhundert im gotischen Stil erneuert wurde, wobei der romanische Turm unverändert blieb. Im gotischen Teil der Kirche wurden bei der Restauration Fresken aus dem 15. und 16. Jahrhundert entdeckt, die von verschiedenen Künstlern stammen.

Neben seiner touristischen Anziehungskraft, die noch durch zahlreiche Campingplätze in und um Diekirch gefördert wird, besitzt die Stadt mit ihrer Fußgängerzone im fast kreisförmigen Stadtkern, der seine mittelalterlichen Dimensionen behalten hat, ein Einkaufszentrum von regionaler Bedeutung. In der Fußgängerzone steht auch das Symbol der Stadt, ein Eselsbrunnen, der an die Zeit erinnert, als die lustigen

Gothic style in the 15th century. Some frescoes painted in the 15th and 16th centuries by unknown artists have been found in the Gothic part of the church.

Besides its appeal to tourists, enhanced by many camping sites in and around the city, Diekirch also boasts a pedestrian zone laid out in the ancient center of the city, an area of commerce serving the entire region. Also in the pedestrian zone is the city's symbol, the fountain of the ass, which commemorates the time when these likeable animals dragged loads up the slopes of Härebierg, the site today of the only military post of Luxembourg's volunteer army. The Historical museum in Diekirch is worth to be visited ▮

cher a conservé son aspect roman. Dans la partie gothique de l'église ont été découvertes lors de la restauration des fresques peintes aux 15e et 16e siècles par différents artistes.

A côté de sa force d'attraction touristique, renforcée par les nombreux terrains de camping dans et autour de la ville, Diekirch possède dans sa zone piétonnière aménagée dans le vieux centre médiéval, qui a gardé sa forme quasi circulaire, un centre commercial d'intérêt régional. Dans la zone piétonnière on trouve également le symbole de la ville, la fontaine de l'âne qui rappelle l'époque où les sympathiques animaux traînaient des charges sur les pentes du Härebierg où se trouve aujourd'hui l'unique caserne de l'armée de volontaires luxembourgeoise. Le

Deiwelselter

Das Wahrzeichen von Diekirch: der Eselsbrunnen   Diekirch's distinctif mark: the donkey fountain   L'emblème de Diekirch: la fontaine de l'âne

Vierbeiner am Härebierg, wo sich heute die einzige Militärkaserne der Luxemburger Freiwilligenarmee befindet, als Lasttiere eingesetzt wurden.

Sehenswert ist das Historische Museum, das an die Ardennen-offensive erinnert ■

musée d'Histoire de la ville de Diekirch mérite une visite ■

Der Osten
The eastern region
La région de l'est

Fragt man ein luxemburgisches Schulkind nach dem Tourismus in seinem Land, wird es neun von zehn mal **"Kleine Luxemburger Schweiz"** antworten. Vor über hundert Jahren, als die ersten Engländer damit begannen, ohne besondere Ursache und zum eigenen persönlichen Vergnügen zu reisen, fuhren sie vorzugsweise in die Schweiz. Berge hat man keine in Luxemburg, dafür Felsen und Höhlen, von Bächen kühn und bizarr aus dem Sandstein gespült, vom Wind geformt und in der Volkssprache mit so klangvollen Namen versehen wie "Adlerhorst", "Predigtstuhl" oder

If Luxembourg school children were asked to name a tourist area in the country, nine out of ten would say **"the little Switzerland of Luxembourg"**. When, one hundred years ago, the English began to travel abroad for purely personal pleasure they departed for Switzerland as a rule. Luxembourg has no Alps but instead some rocks and caverns, shaped bizarrely, to which have been given such local names as "Eagle's Nest", "The Roost" and "Bandit's Cave". They could be competition for Mount Cervin.

The romantic temperament of the 19th century brought masses of

Si l'on demande à un écolier luxembourgeois de citer une région touristique de son pays, il dira neuf fois sur dix **"la Petite Suisse Luxembourgeoise"**. Quand les Anglais commençaient il y a plus de cent ans à faire des voyages sans raison particulière et pour leur unique plaisir personnel, ils partaient de préférence en Suisse. Le Luxembourg ne possède pas de montagnes, mais a pour cela des rochers et des cavernes, avec des formations bizarres dues à l'érosion et auxquels la langue populaire a donné des noms aussi évocateurs que "nid d'aigle", "perchoir" ou "caverne

"Räuberhöhle". Da kann man die Konkurrenz mit Eiger, Mönch und Jungfrau aufnehmen.

Das romantische Lebensgefühl des 19. Jahrhunderts tat das seine dazu: die Touristen kamen von nah und fern, und ihr Strom ist bis heute in der kleinen Luxemburger Schweiz noch nicht abgebrochen.

Kernstück der kleinen Luxemburger Schweiz ist das **Müllertal**, ein kleiner Ort an der Schwarzen Ernz, an dem sich die Straßen von Luxemburg nach Grundhof und von Fels nach Echternach kreuzen. Von hier aus kann man die Ernz entlang

tourists to the little Switzerland of Luxembourg and they continue to come today.

The center of Luxembourg's Switzerland is **Müllertal**, (the valley of carpenters) and a small region of the same name situated on the banks of the Black Ernz where the roads from Luxembourg to Grundhof and from Larochette to Echternach cross. From here a visitor can follow a foot-path along the Ernz to Schiessentümpel where there is an artificial cascade often presented as a tourist attraction but which pales in comparison to the natural beauty of the valley.

des bandits". On pouvait lancer la concurrence avec le Mont Cervin.

Les touristes du 19e siècle au tempérament romantique venaient en masse et leur afflux n'a guère cessé jusqu'à nos jours dans la Petite Suisse Luxembourgeoise.

Le centre de la Suisse Luxembourgeoise, c'est le **Müllertal** (la vallée des meuniers) et une petite localité du même nom, située aux bords de l'Ernz Noire, à l'endroit où se croisent les routes qui mènent de Luxembourg au Grundhof et de Larochette à Echternach. A partir de cet endroit, on peut faire une pro-

wandern, zum Schießentümpel, einer künstlichen Kaskade, die immer wieder als Sehenswürdigkeit dargestellt wird, eigentlich aber gegenüber den natürlichen Schönheiten des Tales verblaßt.

Die gewaltigen Felsformationen des Müllertales sind das Resultat der Nacheiszeiten, als riesige Wassermengen durch das enge Tal flossen und am weichen Sandstein nagten. In der Abendsonne leben die Steinformen auf, nehmen die Gestalt von Tieren und Fabelwesen an, erinnern an die Ritter und Räuber, die einst hier ihr Unwesen trieben. Die Tempelritter von Heringen fanden hier Unterschlupf in einer sagenumwobenen Burg, von der nur noch einige Grundmauern bis in unsere Tage erhalten geblieben sind. Vor ihnen lebten bereits Steinzeitmenschen in den natürlichen Höhlen der muscheldurchsetzten Sandsteinfelsen.

Ihre Einritzungen kann man heute noch sehen, neben rezenteren Schriftzeichen, die daran erinnern, daß F.K. am 7.8.78 hier sein Taschenmesser am Felsen versucht hat, oder daß R.H. die C.M. liebte, und neben Einschußlöchern, die davon zeugen, daß auch hier die Ardennenoffensive wütete.

The mammoth rock formations at Müllertal result from the postglacier epoch when huge quantities of water from the melting ice flowed through the narrow valleys. This water attacked the feebly resistant sandstone with irresistable force. Just before sunset, these rocky formations seem to come alive, resembling the forms of strange animals and queer monsters, recalling the knights and bandits who formerly haunted the area. The Templars of Heringen found refuge there in their legendary castle of which few vestiges have survived the centuries. Before them, cavemen lived in the sandstone shelters.

They left some marks engraved in the rock which can be seen today alongside more recent graffiti reporting that F.K. tried out his new pocket knife on 7.8.78 or that R.H. loves C.M. with all his heart; there are also some traces of shell fire from the battle of the Ardennes since this region was on the southern front.

The valley of the Hallerbach, leading to the tourist center of **Beaufort**, is no less romantic than the Müllertal. Despite somewhat perturbing rocky formations pierced with dubious caves, there is no reason to be afraid

menade le long de l'Ernz jusqu'au Schießentümpel, une cascade artificielle souvent présentée comme attraction touristique mais qui en fait pâlit devant les beautés naturelles de la vallée.

Les formations rocheuses monumentales du Müllertal sont le résultat de l'époque post-glaciale qui a amené des masses gigantesques d'eau de fonte dans les étroites vallées. Cette eau a inlassablement attaqué le grès qui n'est pas très résistant. Avant le coucher du soleil, les formations rocheuses prennent vie, se transforment en étranges animaux et en drôle de monstres, rappellent les chevaliers et les bandits qui jadis hantaient ces contrées. Les templiers de Heringen ont trouvé refuge ici, dans leur légendaire château, dont de rares vestiges ont survécu aux siècles. Avant, des troglodites habitaient les cavernes naturelles du grès.

Ils ont laissé des signes gravés dans la roche, qu'on voit aujourd'hui à côté d'autres grafitis plus récents, qui eux rappellent que F.K. y a essayé le 7.8.78 son nouveau couteau de poche ou que R.H. aimait de tout son coeur C.M., à côté aussi des traces qu'ont laissés les obus lors de la bataille des Ardennes, dont cette région formait

Im Müllertal - Der "Viergötterstein" in Berdorf
In the Müllertal - The "Stone of the four gods" in Berdorf
Dans le Müllertal - La "Pierre des quatre dieux" à Berdorf

Nicht weniger romantisch als das Müllertal ist das Tal des kleinen Hallerbachs, von wo aus man das Touristenzentrum **Befort** erreicht. Trotz etwas unheimlicher Felsformationen und Höhlen wird man es hier kaum mit der Angst zu tun bekommen, denn ganz allein wandert man hier selten, es sei denn an verregneten Wintertagen.

Viel ruhiger sind da die Bauerndörfer auf der Höhe zwischen der Schwarzen und der Weißen Ernz, **Waldbillig** und **Christnach**. Hier bleibt die Landwirtschaft Haupteinnahmequelle. Christnach ist ein Beispiel mustergültiger Denkmalpflege, die nicht nur am Monu-

simply because there is no risk of ever being alone, unless it happens to be a rainy day in winter.

Much more reassuring are the two villages on the high ground between the Black and the White Ernz, **Waldbillig** and **Christnach.** Farming is still the main activity of the inhabitants. Christnach offers a good example of preserving an inherited way of life which, while not grandiose, is nevertheless prosperous. The village has been preserved as a unit in its simple, original beauty. The active farms and the ancient oil press have been maintained in a style that is simple but with a love of detail. The

le front sud.

Non moins romantique que le Müllertal est la vallée du Hallerbach qui mène au centre touristique de **Beaufort**.

Malgré les formations rocheuses quelque peu inquiétantes, parsemées de cavernes, on ne prend pas de risque, puisque tout simple-ment on a peu de chances de s'y retrouver seul, à moins que ce ne soit pendant une pluvieuse journée d'hiver.

Beaucoup plus calmes sont les villages sur la hauteur entre l'Ernz Noire et l'Ernz Blanche, **Waldbillig** et **Christnach**. L'agriculture reste la principale activité de leurs habitants.

Schloß Befort   Beaufort Castle   Le château de Beaufort

Wegkreuz in Christnach   Wayside cross in Christnach   Croix de chemin à Christnach

nentalen geübt wird. Hier wurde das Dorf als Ganzes in seiner ursprünglichen Schönheit erhalten. Die immer noch aktiven Bauernhöfe und die frühere Ölmühle wurden ohne Pomp, dafür aber mit viel Liebe fürs Detail, im alten Stil restauriert, ohne daß auf die Vorzüge der modernen landwirtschaftlichen Errungenschaften verzichtet wurde. Moderne Melkanlagen funktionieren auch wenn sie hinter einer gekalkten Fassade und nicht in einem Wellblechstall stehen.

Das Städtchen **Fels** an der Weißen Ernz wird überragt von einer doppelten Burg aus dem 12. und dem 14. Jahrhundert, die zusammen mit dem 1384 erbauten Criechingerhaus auf dem Grundriß der Burg, restauriert wurde. Von Fels aus kann man ausgedehnte Wanderungen unternehmen, etwa in die Nommerlayen, mit Felsformationen, die an die Luxemburger Schweiz erinnern, oder zu Schloß Meysenburg, ein Neo-Renaissancebau aus dem Jahr 1880, ein wahres Märchenschloß, wie es Ludwig II. von Bayern oder Walt Disney erträumt haben könnte.

Die Ortschaft Fels selbst besitzt

villagers have succeded in preserving an ancient rural style without foregoing the advantages of modern farm machinery. Here it can be seen that a modern milking machine works just as well behind a restored façade as in a tiled stable.

The little town of **Larochette** on the banks of the White Ernz is towered over by a double castle from the 12th and 14th centuries which has been restored together with the Criechingen family home contained within its walls. From Larochette one can follow footpaths to the Nommerlays, rocky formations similar to those in the Little Switzerland of Luxembourg, or to the castle of Meysenbourg, a large structure in a neo-Renaissance style dating from 1880, a regular fairy castle which could have been dreamed up by Louis II of Bavaria or Walt Disney.

Beside that, Larochette also possesses one of the most beautiful village squares in the country, the "Bleiche", which in recent years has become quite lively. The Portuguese and the Cape Verdians who in Larochette outnumber the Luxembourgers have rediscovered the

Christnach est un bel exemple de sauvegarde du patrimoine qui n'a rien de grandiose, mais est quand même tout à fait réussi. Ici le village a été considéré dans son ensemble et conservé dans sa beauté simple et originale. Les fermes toujours actives et l'ancien moulin à huile ont été remis en état avec l'amour du détail. On y a réussi à restituer le style rural ancien sans pourtant délaisser les commodités des engins agricoles modernes. Ici on a compris qu'une trayeuse moderne fonctionne aussi bien derrière une fassade restaurée que dans une étable en tôle ondulée.

La petite ville de **Larochette** sur les bords de l'Ernz Blanche est surplombée par un double château des 12e et 14e siècles, qui a été restauré, ensemble avec la maison Criechingen, située dans l'enceinte du château.

A partir de Larochette on peut entreprendre de longues promenades jusqu'aux Nommerlays, des formations rocheuses rappelant la Suisse Luxembourgeoise ou au château de Meysenbourg, une bâtisse de style néo-renaissance datant de 1880, véritable château de rêve comme

Schloß Befort
Beaufort Castle
Le château de Beaufort

einen der schönsten Dorfplätze des Landes, die "Bleiche", der in den letzten Jahren zu neuem Leben erwacht ist. Hier treffen sich nämlich die Portugiesen und Cap Verdianer, die in der Gemeinde Larochette mehr Einwohner stellen als die Luxemburger Staatsbürger. Sie haben den Platz als Kommunikationsort wiederentdeckt und versuchen, auch ohne Wahlrecht, zu verhindern, daß er zum Abstellplatz für Autos degradiert wird.

Hauptsehenswürdigkeiten des Luftkurortes Befort ist das Schloß unterhalb des Dorfes, das als Ritterburg im späten 12. Jahrhundert entstand und im 16. Jahrhundert mit einer Befestigungsanlage versehen wurde. 1643 wurde über der Burg ein Renaissance-Schloß errichtet. Von den rauhen Sitten vergangener Epochen zeugt ein schauriges Instrumentarium in der Folterkammer.

Restauriert wurden die Dörfer auf dem Höhenzug jenseits der Schwarzen Ernz, **Consdorf** und **Berdorf**, deren Häuser während der Ardennenschlacht fast alle zerstört worden waren. Sie bieten den Sommer-

square as a communications center and now forbid parking there to avoid defacing it, even though they have no vote in the matter.

The principal sight of the spa of Beaufort is a castle at the base of the village which was built as a fortified castle at the end of the 12th century and then provided with a defensive rampart in the 16th century. In 1643, the lord at that time built a new castle in the Renaissance style inside the perimeter of the older one. In the torture chamber macabre instruments testify to the less than refined practices of certain periods in history.

On the hills opposite, above the Black Ernz, the villages of **Consdorf** and **Berdorf**, where nearly all houses were destroyed during the battle of the Ardennes, have also been restored. Today their numerous hotels, restaurants and camping grounds offer accomodations so necessary for the crowds of visitors to the Switzerland of Luxembourg. From here pathways toward the Müllertal lead out, passing the "Lays" and the "Schloeffs". Magnificent views greet the hikers.

ceux de Louis II de Bavière ou de Walt Disney.

Larochette possède en outre une des plus belles places de village du pays, la "Bleiche", qui ces dernières années connaît une véritable renaissance. Les Portugais et les Cap Verdiens, qui dans la commune de Larochette sont plus nombreux que les Luxembourgeois, ont redécouvert la place comme lieu de communication et empêchent, même sans droit de vote, qu'elle ne soit dégradée en parking.

La principale attraction de la station climatique de Beaufort est un château en bas du village, qui a été construit comme château-fort à la fin du 12e siècle et muni d'un mur de défense au 16e. En 1643 les seigneurs de l'époque firent construire un nouveau château de style renaissance dans l'enceinte du premier. Dans la chambre des tortures des instruments macabres témoignent des coutumes peu raffinées de certaines époques.

Sur les collines d'en face, au-delà de l'Ernz Noire, les villages de **Consdorf** et de **Berdorf**, dont presque

gästen der kleinen Luxemburger Schweiz mit ihren zahlreichen Hotels, Gaststätten und Campingplätzen die nötigen Übernachtungsmöglichkeiten. Von hier aus führen die Wanderwege hinunter in das Müllertal, über "Layen" und "Schloeff". Herrliche Aussichtspunkte sorgen für Abwechslung auf den Promenaden.

In **Berdorf** kann man in der Kirche den bekannten römischen Viergötterstein sehen, der in der nahen Hohllay gefunden wurde und trotz der im Relief abgebildeten vier heidnischen Gottheiten Apollo, Herkules, Minerva und Juno heute als Altaruntersatz dient.

Was wäre eine Schweiz, sei sie auch luxemburgisch, ohne Bergsteiger? In Berdorf wurde eine Kletterschule gegründet, in der man die ersten Handgriffe des Alpinismus erlernen und an den nahen Felsen auch gleich erproben kann.

Von Berdorf erreicht man zu Fuß das Ufer der Sauer, das hier zwischen **Diekirch** und **Echternach** ein wahres Paradies für Zelter darstellt. Campingplatz reiht sich an Campingplatz, Badefreunde, Paddler und Angler finden jeder sein Plätzchen am kleinen Fluß, sei es in **Reisdorf, Wallendorf-Pont, Dillingen, Grundhof** oder **Bollendorf-Pont**. Entlang

In the church of **Berdorf**, a visitor can admire the famous Roman stone of the four divinities, found near Hollay, which now forms the pedestal of the Parish church's altar, despite the fact that the engraved reliefs represent the pagan gods Apollo, Hercules, Minerva and Juno.

What would a Switzerland be, even a little Luxembourg one, without its mountain climbers? At Berdorf, a mountain climbing school has been established where one can learn the basics of the sport and then practise them on the nearby rocks.

From Berdorf a visitor can walk to the banks of the Sûre, a veritable paradise for the camper. Between **Diekirch** and **Echternach** there is a multitude of camping places and everywhere canoeing, swimming and fishing are available, whether at **Reisdorf, Wallendorf-Pont, Dillingen, Grundhof** or **Bollendorf-Pont**. A bicycle path has been laid out along the Sûre which rounds off the variety of sports offered in the Little Switzerland of Luxembourg. It is along this path that one reaches the principal town of this region: **Echternach**.

November 1, 698 is without doubt the most important date in the history of Echternach. A settlement had

toutes les maisons avaient été détruites pendant la bataille des Ardennes, ont également été restaurés. Ils offrent aujourd'hui avec leurs nombreux hôtels, restaurants et terrains de camping les possibilités d'hébergement nécessaires aux multitudes de visiteurs de la Suisse Luxembourgeoise. C'est d'ici que partent les promenades vers le Müllertal, en passant sur les "Lays" et les "Schloeffs". De magnifiques points de vue agrémentent les randonnées.

Dans l'église de **Berdorf** on peut admirer la célèbre pierre romaine dite des quatre divinités, découverte près de la Hollay et qui sert aujourd'hui, malgré ses reliefs représentant les divinités païennes Apollon, Hercule, Minerve et Juno, de socle à l'autel de l'église paroissiale.

Que serait une Suisse, même petite et luxembourgeoise, sans ses alpinistes? A Berdorf on a fondé une école d'alpinisme où l'on peut apprendre les rudiments de ce sport pour les mettre de suite en pratique sur les proches rochers.

A partir de Berdorf on atteint à pied les bords de la Sûre qui représentent ici un véritable paradis pour le campeur. Entre **Diekirch** et **Echternach** on trouve une multitude de terrains de camping, partout on peut prati-

Bergsteigen und Wandern in Berdorf
Alpinism and walking in Berdorf
Alpinisme et randonnée à Berdorf

85

dieser Strecke wurde vor einigen Jahren ein Fahrradweg angelegt, der das Freizeitangebot am Rand der Luxemburger Schweiz vervollständigt.

Über diesen Weg erreicht man den Hauptort der Gegend: **Echternach**.

Der 1. November 698 ist wohl das wichtigste Datum in der Geschichte Echternachs. Zwar bestand die Siedlung schon in vorrömischer Zeit und erlebte unter den Römern, dank ihres angenehmen Klimas, eine erste Blütezeit, wie die 1978 entdeckten Villenüberreste beweisen, doch sollte die eigentliche Glanzzeit der Stadt mit dem Schenkungsakt von 698 beginnen, als die Trierer Äbtissin Irma von Ören dem damals 23 jährigen Mönch Willibrord das kleine, 100 Jahre früher gebaute Kloster samt zwei Kapellen, Ländereien, Leibeigenen und Vieh vermachte.

In Echternach plante Willibrord seine missionarischen Züge gegen die Heiden Nordeuropas. Auf seinem siegreichen Weg zerstörte er die Opfersteine des Naturkultes und wan-

existed there before the Roman epoch and the Romans themselves liked the region because of its agreeable climate, as shown by traces of their villas found there in 1978. The great epoch of Echternach really began in 698. That was when the abbess, Irmina of Oeren, near Treves, gave the monk Willibrord, then just 23 years old, a small monastery built one hundred years earlier at Echternach, along with two chapels, some land, some serfs and several head of cattle.

From Echternach Willibrord launched his crusades against the pagans to the north. Along his victorious road he destroyed pagan altars and replaced them with Christian ones, at the same time transforming certain pagan rites into Christian ceremonies. His followers ascribed miraculous powers to him, swearing that he could cure the plague. St. Willibrord died on 7 November 739 and was buried in Echternach where the crypt now stands. His tomb quickly became one of the most important pilgrimage goals in the region. The

quer le canoë, la natation ou la pêche à la ligne, que ce soit à **Reisdorf**, à **Wallendorf-Pont**, à **Dillingen**, au **Grundhof** ou à **Bollendorf-Pont**. Le long de la Sûre a été aménagée une piste cyclable qui complète la palette des activités sportives qu'on peut pratiquer dans la région de la Petite Suisse Luxembourgeoise.

C'est par ce chemin qu'on atteint le chef-lieu de cette région: **Echternach**.

Le 1er novembre 698 est sans aucun doute la date la plus importante de l'histoire d'Echternach. Même si l'agglomération a déjà existé à l'époque romaine, même si les Romains euxmêmes appréciaient la région à cause de son climat agréable, comme le démontrent les vestiges de villas trouvés en 1978, c'est avec l'an 698 que commence la grande époque d'Echternach. Ce jour-là l'abbesse Irmine de Oeren, près de Trèves, fait don au moine Willibrord, tout juste âgé de 23 ans, d'un petit monastère construit cent ans plus tôt à Echternach, avec deux chapelles, des terres, des serfs et du bétail.

Spuren der Vergangenheit in Echternach   Vestiges from the past in Echternach   Vestiges du passé à Echternach

delte sie um in christliche Altäre, wie er den Matronenkult der Heiden zum Muttergotteskult der Christen machte. In Willibrords Gefolge wird ihm Wundertätigkeit nachgesagt, Weinvermehrung und Heilung von der Pest. Am 7. November 739 starb Sankt Willibrord in Echternach und wurde in seinem Kloster, an der Stelle der heutigen Krypta beigesetzt. Sein Grab wurde zu einem der wichtigsten Wallfahrtsorte der Gegend. Die Quelle, die unter dem Altar der Krypta entspringt, wurde jahrhundertelang wegen ihrer wundersamen Heilkräfte gegen Pest, Lepra und Augenleiden aufgesucht.

Im Früh- und Hochmittelalter entwickelte sich die Abtei der Benediktinermönche zu einem der bedeutendsten religiösen Zentren Europas.

Die Fürsten beschützten die Mönche, die mit Privilegien, Freiheiten und Geschenken überhäuft wurden. In dieser Umgebung von Reichtum und Geborgenheit entstanden jene Bücher, die zu dem Größten zählen, das in Luxemburg an geistigem Gut geschaffen wurde. Die in Echternach entstandenen kunstvollen Manuskripte trugen Wesentliches zur Verbreitung des geschriebenen Wortes in der ganzen Gegend bei.

Ihren Höhepunkt erreichte die Echternacher Manuskriptkunst unter Abt Humbert im 11. Jahrhundert. Damals entstanden im Echternacher Scriptorium Evangelienbücher, von denen sieben bis heute erhalten werden konnten, darunter das "Goldene Evangelienbuch", das sich im Besitz der Stadt Nürnberg befindet, die Echternach vor kurzem ein Faksimile-Exemplar schenkte, das im Echternacher Abteimuseum ausgestellt ist. Das reich illustrierte Werk verdankt seinen Namen der vergoldeten Tinte, mit der es handgeschrieben wurde.

Um das Kloster und seine Basilika entwickelte sich eine blühende Handelsstadt, an der damals noch von

influence which emanated from under the altar of the crypt was visited for an entire century in the belief that it could cure the plague, leprosy and eye afflictions.

After the death of Willibrord, Echternach became one of the most important religious centers of Europe. The nobility protected the Benedictine monks and showered them with privileges, allowances and gifts. In this calm and prosperous atmosphere the art of medieval manuscript illumination developed, these books which are among the greatest works of art ever produced in Luxembourg. In the abbey at Echternach were created manuscripts whose influence on the development of written language in northwest Europe was enormous.

During the 11th century, under the abbot Humbert, the art of the manuscript reached its height at Echternach. At that time the abbey's monks hand-copied books of the Bible, seven of which have been preserved up to today, among them the "Golden Gospel". This richly illustrated work owes its name to the gold-colored ink used in writing it; it is now owned by the city of Nuremberg which recently donated a facsimile edition to the city of Echternach that is shown in the museum dedicated to the abbey.

During the Middle Ages a prosperous commercial city grew up around the abbey and basilica of Echternach on the banks of the Sûre, still navigable at the time.

From those great days, very little has been preserved. In fact, the years of intellectual and artistic endeavour were followed by years of destruction and misery. In 1444 the city was completely destroyed by fire; in 1552 bandits and freebooters sacked it; in 1798, French revolutionaries scattered the monks who fled with what was left of their illustrious library, never to return; in 1944, the

A partir d'Echternach Willibrord entreprend ses croisades contre les païens de l'Europe du Nord. Sur ses chemins victorieux il détruit les autels païens et les remplace par des autels chrétiens, comme il reprend certains rites païens pour les transformer en rites chrétiens. L'entourage de Willibrord lui prête des pouvoirs miraculeux, comme la guérison de la peste. Saint Willibrord est mort le 7 novembre 739 et est enterré à Echternach à l'endroit de la crypte actuelle. Son tombeau devint rapidement l'un des lieux de pèlerinage les plus importants de la région. La source qui jaillit sous l'autel de la crypte a été visitée pendant des siècles pour ses vertus curatives contre la peste, la lèpre et les maladies des yeux.

Après la mort de Willibrord, Echternach devint un des centres religieux les plus importants d'Europe. Les seigneurs protégaient les moines bénédictins et les comblaient avec

Das Grabmal St. Willibrords
St. Willibrord's tomb
La tombe de St. Willibrord

Transportschiffen befahrenen Sauer.

Aus jenen großen Tagen des Abteistädtchens konnte sich nur wenig unverändert bis heute retten. Den Jahren der blühenden geistigen Arbeit folgten nämlich Jahre der Zerstörung und des Elends. 1444 brannte die Stadt vollständig ab; 1552 wurde sie von Räubern und Freibeutern geplündert; 1798 vertrieben die französischen Revolutionäre die Mönche, die sich mit den Resten ihrer illustren Bibliothek in alle Winde verstreuten und nie mehr nach Echternach zurückkehrten; 1944 wurde die Stadt mit in die Ardennenoffensive einbezogen und zu 60% zerstört.

Von alledem und vom schweren Wiederaufbau ist heute kaum mehr etwas zu spüren. Die Willibrordbasilika, in der, wie in der Abtei, nach der Französischen Revolution eine Porzellanfabrik arbeitete, wurde in den 60er Jahren des vorigen Jahr-

city did not escape destruction from the Battle of the Ardennes and German bombs laid waste to 60% of its buildings.

Today, practically nothing of all that destruction, and of the painful reconstruction which followed, is visible. The basilica of St. Willibrord, containing an ironworks from the time of the French Revolution, as did the abbey, was rebuilt in the 1860s on the foundations of 1016.

The same work of reconstruction was repeated after the Germans reduced the building to dust and ashes in 1944.

The major part of the crypt with the tomb of St. Willibrord dates from the 8th century.

The buildings of the present abbey were constructed in the 18th century. They display elements of the German and Austrian Baroque styles.

des privilèges, des libertés et des cadeaux.

Dans ce milieu riche et calme s'est développé l'art de l'enluminure médiévale, et ces livres figurent parmi les plus grandes oeuvres jamais créées au Luxembourg. Dans l'abbaye d'Echternach ont été conçus des manuscrits dont l'influence sur le développement de la langue écrite dans le nord-ouest européen était énorme.

Au 11e siècle, sous l'abbé Humbert, l'art du manuscrit atteint son apogée à Echternach. C'est à cette époque que le scriptorium de l'abbaye produit des livres d'évangile, dont sept ont été conservés jusqu'à nos jours, parmi lesquels se trouve "l'évangile d'or". Cette oeuvre richement illustrée doit son nom à l'encre dorée avec laquelle elle a été écrite et est actuellement la propriété de la ville de Nuremberg, qui récemment a fait cadeau d'une édition fac-similée à la ville d'Echternach et que l'on peut voir dans le musée de l'Abbaye.

Autour de l'abbaye et de la basilique d'Echternach s'est développée au moyen âge une ville commerciale prospère sur les bords de la Sûre encore navigable à cette époque.

De ces grands jours, peu n'a pu être conservé sans transformations jusqu'à nos jours. En effet, les années d'intense travail intellectuel et artistique ont été suivies par des années de destruction et de misère. En 1444 la ville a été détruite complètement par un incendie; en 1552 des bandits et des flibustiers la mirent à sac; en 1798 les révolutionnaires français chassèrent les moines, qui ont pris la fuite avec les restes de leurs illustres bibliothèques pour ne plus jamais revenir; en 1944 la ville ne peut échapper aux destructions de la bataille des Ardennes et sous les bombes allemandes 60% des bâtiments tombent en ruines.

De tout cela et de la pénible reconstruction on ne sent aujourd'hui pres-

89

hunderts nach dem Grundriß von 1016 wieder aufgebaut. Der gleiche Vorgang wurde wiederholt nachdem die Deutschen den Bau 1944 wieder in Schutt und Asche gebombt hatten.

Die Krypta mit dem Willibrord-Grabmal scheint noch zu einem großen Teil aus dem 8. Jahrhundert zu stammen. Die Gebäude der heutigen Abtei wurden im 18. Jahrhundert errichtet und enthalten Elemente des deutschen und österreichischen Barocks. Die ältesten Originalteile eines Echternacher Sakralbaus befinden sich in der St. Peter und Paul Kirche. Die Grundmauern stammen aus dem Kloster, das Irma von Ören dem jungen Willibrord schenkte. Gebaut und umgebaut wurde die heutige Kirche zwischen dem 10. und dem 15. Jahrhundert. Am Fuß der Peter und Paul Kirche befindet sich das Museum für Vorgeschichte.

Besonders einladend sind die Café-Terrassen um den alten Echternacher Marktplatz, mit dem früheren Schöffengerichtsgebäude Dingstuhl aus

The church of Sts. Peter and Paul contains remnants of the oldest church in Echternach. The foundations formed part of that monastery Irmina of Oeren gave to the young Willibrord. The church itself was built in the 10th century and was modified in the 15th. Beneath the church is the museum for prehistory.

The café terraces in Echternach's old market place around the Denzelt and the ancient palace of justice of the lords of the city are particularly interesting.

Scarcely a kilometer from the city center, a large recreation complex was opened a few years ago, a place for sport and relaxation around an artificial lake. In the summer, it is popular with fishermen and devotées of the sailboard.

An island of games for children and some magnificent promenades attract thousands of visitors every year so that, in summer, Echternach thrives almost exclusively on tourism.

que plus rien. La basilique de Saint Willibrord, dans laquelle travaillait, comme dans l'abbaye, une faïencerie aux temps de la Révolution Française, a été reconstruite dans les années 60 du 19e siècle sur les fondations de 1016. Le même travail a été entrepris après que les Allemands avaient réduit le bâtiment en cendres en 1944.

La majeure partie de la crypte avec le tombeau de Saint Willibrord provient du 8e siècle. Les bâtiments de l'actuelle abbaye furent construits au 18e siècle et comprennent des éléments de style baroque allemand et autrichien.

L'église Saints Pierre et Paul contient des restes de la plus ancienne église d'Echternach. Les fondations faisaient partie du monastère dont Irmine de Oeren a fait cadeau au jeune Willibrord. L'église actuelle a été construite au 10e siècle et transformée au 15e. Au pied de l'église se situe le musée de la préhistoire.Les terrasses de cafés de l'ancienne place

Die Springprozession   The dancing procession   La procession dansante

dem 15. Jahrhundert.

Knapp ein Kilometer vom Stadtkern entfernt wurde vor einigen Jahren ein großflächiges Freizeit-, Sport- und Erholungsgebiet um einen künstlichen See angelegt. Hier geben sich im Sommer Surfer und Angler ihr Stelldichein. Eine Spielinsel für Kinder und herrliche Spazierwege laden alljährlich Tausende von Gästen aus dem ganzen Land ein, so daß Echternach im Sommer vorwiegend vom Fremdenverkehr leben kann.

Unbekannten, wahrscheinlich heidnischen Ursprungs, ist die Echternacher Springprozession am Pfingstdienstag der Höhepunkt des religiösen Lebens der Stadt und, mit der Muttergottesoktave in der Hauptstadt, des Landes.

uncertain origin, but no doubt pagan, the dancing procession on the Tuesday of Pentecost represents the high point of the religious life of Echternach and, with the octave of the Blessed Virgin in the capital, of the entire country as well.

The music festival staged in June and July draws crowds comparable to those of the procession. In only a few years, the festival, whose organizers succeed in engaging world-famous musical performers each summer, has won a fame that spreads far beyond the borders of Luxembourg.

Between Echternach and Wasserbillig there is an area whose natural beauty has been extremely favorable for the development of tourism. Rosport lies at the center of this tourist

du marché d'Echternach, autour du Denzelt, l'ancien palais de justice des seigneurs de la ville, sont particulièrement attirantes.

A peine à un kilomètre du centre ville a été ouvert il y a quelques années un grand centre de loisir, de sport et de repos autour d'un lac artificiel. C'est ici qu'en été les véliplanchistes et les pêcheurs se donnent rendez-vous. Une île de jeux pour les enfants et de magnifiques promenades attirent chaque année des milliers de visiteurs, ce qui fait qu'en été Echternach peut vivre presqu'exclusivement du tourisme.

Le festival de musique organisé en juin et juillet provoque une affluence comparable à celle de la procession. En quelques années, le festival, dont

Genau so groß ist der Andrang in den Monaten Juni und Juli, wenn Echternach ein Musikfestival veranstaltet, das bereits in den ersten Jahren nach seiner Gründung einen hohen internationalen Rang einnimmt und für das es den Organisatoren jeden Sommer gelingt Weltstars zu verpflichten.

Zwischen Echternach und Wasserbillig liegt ein Gebiet, dessen Naturschönheiten eine besonders günstige Entwicklung des Fremdenverkehrs bewirkt haben. **Rosport** ist mit seinem Staubecken Zentrum der touristischen Gegend, in der besonders Wassersport gepflegt wird. Zu Fuß erreicht man von Rosport aus die Girsterklaus, eine Kapelle aus dem 13. Jahrhundert, mit alten Deckenmalereien und einem frühbarocken Sandsteinaltar.

Etwas südlich der Luxemburger Schweiz liegen die Dörfer **Grau-,**

territory where an artificial lake supports all sorts of acquatic sports. From **Rosport**, a trail leads to the Girsterklaus, a 13th century chapel decorated with ancient frescoes and containing a sandstone altar in the Baroque style.

A few kilometers to the south of the Switzerland of Luxembourg lie the villages of **Graulinster**, **Altlinster**, **Junglinster** and **Burglinster**, the last two of which are of particular interest. From afar one can see the three towers of RTL used to transmit French programming; Junglinster is at the base of the towers. Its parish church, Baroque in style, contains a magnificent main altar and a secondary altar dating from 1634, some frescoes depicting scenes from the Bible and some ancient tombs.

The castle at **Burglinster**, which integrates stylistic elements from five centuries, gives the village its

les organisateurs réussissent chaque été à engager les plus grandes vedettes mondiales, a gagné une renommée qui dépasse largement les frontières luxembourgeoises.

Entre Echternach et Wasserbillig se trouve une région dont les beautés naturelles ont influencé de façon extrêmement favorable l'évolution du tourisme. **Rosport** est le centre de ce territoire touristique où, près d'un lac artificiel l'on pratique surtout les sports nautiques. A partir de Rosport une promenade mène à la Girsterklaus, une chapelle du 13e siècle ornée de fresques anciennes et d'un autel en grès de style baroque.

A quelques kilomètres au sud de la Suisse Luxembourgeoise se trouvent les villages de **Graulinster**, **Altlinster**, **Junglinster** et **Bourglinster**, dont les deux derniers sont particulièrement intéressants. De loin on voit les trois pilônes d'où le

Am Echternacher See   On the Echternach lake   Sur les bords du lac d'Echternach

Burglinster
Bourglinster

Alt-, Jung- und **Burglinster**, von denen vor allem die beiden letzten interessant sind. Schon von weitem sieht man die drei Funktürme von Junglinster, die das französischsprachige Programm von RTL ausstrahlen. Die Pfarrkirche im spätbarocken Stil enthält einen prachtvollen Hauptaltar, einen Kreuzaltar aus dem Jahr 1634, Fresken, die Szenen aus der Bibel darstellen und alte Grabmäler.

Das Schloß von **Burglinster**, in dem Bauelemente aus fünf Jahrhunderten sich ineinanderfügen, gibt dem Dorf eine malerische Silhouette. In den letzten Jahren wurde das Schloß zu einem wahren Kulturzentrum, dessen zahlreiche musikalischen und literarischen Aktivitäten es zu neuem Leben erwachen ließen ■

picturesque silhouette. In recent years it has been transformed into a very active cultural center and the many musical events staged there have given the ancient buildings a new life ■

programme francophone de RTL est émis et aux pieds desquels est situé Junglinster. L'église paroissiale de style baroque contient un magnifique autel principal, un autel secondaire datant de 1634, des fresques qui représentent des scènes de la Bible et d'anciens tombeaux.

Le château de **Bourglinster** qui intègre des éléments stylistiques de cinq siècles donne au village sa silhouette pittoresque. Depuis quelques années le château est devenu un centre culturel très actif et les nombreuses manifestations littéraires et musicales ont rendu une nouvelle vie aux vieilles bâtisses ■

Es ist etwas Besonderes um das Leben an Flüssen. Man hat sie ständig vor Augen, die Metapher vom unaufhaltsamen Fließen und Verfließen des Lebens; man wird täglich darauf hingewiesen, daß es keinen Sinn hat aufhalten zu wollen, was nicht aufzuhalten ist.

Seit jeher wird das Leben im Osten des Landes vom Fluß bestimmt, und da die Mosel Luxemburgs einziger Fluß ist, bestimmt er auch einen großen Teil des Lebens im Rest des Landes mit. Über den Fluß kamen Wohlstand und Reichtum zu den Ein-

Life beside a river has something mystical about it. A metaphor of the unending flow of time and of life is always right before the eyes; day after day the river proves that it is scarcely worth trying to stop something unstoppable.

The river continuously molds life in the Luxembourg east and since the Moselle is the only major river in the country it even influences life in other regions. It is because of the river that riches and prosperity come to the residents of its valley; it has brought foreign cultures and

La vie auprès d'un fleuve a quelque chose de particulier. On l'a toujours devant les yeux, la métaphore de l'inébranlable écoulement du temps et de la vie; jour après jour le fleuve démontre que ce n'est pas la peine de vouloir arrêter ce qui ne peut être arrêté.

Depuis toujours, le fleuve façonne la vie dans l'Est luxembourgeois et comme la Moselle est le seul fleuve du pays, il influence de même une partie de la vie des autres régions. C'est avec le fleuve que sont venues richesse et prospérité aux habitants

wohnern des Tales; er brachte fremde Kulturen und Güter in das Land. Aber er schleppte auch Krieg und Pest an. Luxemburgs Pforte zur Welt konnte nicht verriegelt werden, als raubende Normannen vom Norden her, habgierige Thronfolger vom Süden und faschistische Offiziere vom Osten her in das Land einfielen.

Da die Mosellländer mit den Lehren des Flusses groß geworden sind, haben sie überlebt. Sie wußten eben immer, und wissen auch heute noch, daß man nicht aufhalten kann, was

products. But it has equally attracted war and pestilence. The entrance to Luxembourg could not be shut when the barbarian Normans came from the north, the greedy royal pretenders from the south and Nazi officers from the east, to invade the country.

Because the Mosellans have learned the lesson of the river they have survived. They knew then, and know now, that one cannot stop the irresistible and that the river and life, after difficult times, will bring better days.

de la vallée; il a amené des cultures et des biens étrangers. Mais il a attiré également la guerre et la peste. Le portail du Luxembourg n'a pu être fermé quand les Normands barbares sont venus du nord, les prétendants cupides du sud et les officiers nazis de l'est pour envahir le pays.

Parce que les Mosellans avaient appris la leçon du fleuve, ils ont survécu. Ils savaient et savent toujours qu'on ne peut arrêter l'irréversible et que le fleuve et la vie, après des temps difficiles amèneront des jours

nicht aufzuhalten ist, und daß der Fluß und das Leben nach dem Schlechten auch wieder Gutes bringen werden.

Die Moselländer hatten Zeit, sich in Geduld zu üben, und ihre Geduld brauchen sie heute wie früher. Auch wenn das Klima an der Mosel etwas milder ist als im übrigen Land, so genügt eine einzige, verspätete Frostnacht, um die anfälligen Rebkulturen und die Arbeit langer Monate zu zerstören. Die Jahre 1978 bis 1981, mit ihren vier aufeinanderfolgenden Mißernten, haben wieder gezeigt, wie schnell der hart erworbene Wohlstand zerfließen kann.

Das war noch immer so. Auf die gallo-römische Blütezeit folgten die Zerstörungen der Völkerwanderungen; auf den wirtschaftlichen Aufschwung der Renaissance, Elend und Not des Dreißigjährigen Krieges; auf die Hungersnöte des 19. Jahrhunderts, der Wohlstand durch den kommerziellen Weinbau.

Die Moselländer haben gelernt in guten und schlechten Zeiten zu überleben. Die Mosellandschaft konnte das noch immer, und ihrer Schönheit

The Mosellans have had the time to learn patience and they have need of patience, today as in former times. Even though the average climate along the Moselle is milder than in other parts of the country it needs only one night of frost at the wrong moment to destroy the fruit of the vines and an entire year's work. The years from 1978 to 1981 showed anew, by four successive bad crops, how fragile hard-won prosperity can be.

It was always thus. The riches of the Gallo-Roman epoch were followed by the devastation of great barbarian invasions; the prosperity of the Renaissance was followed by the agonies of the 30 Years War; after the famines of the 19th century came revival through the commercialisation of wine-making.

The Mosellans have learned to survive crises. The Mosellan landscapes have often experienced them but the bad years have not been able to destroy their beauty. Perhaps that is why the Mosellans, better than others, succeed in taking life in stride.

Wine-making, commerce, transporta-

meilleurs.Les Mosellans ont eu le temps de s'exercer en patience et de la patience, il en faut, aujourd'hui comme jadis.

Même si en moyenne le climat près de la Moselle est plus clément que dans les autres parties du pays, il suffit d'une nuit de gel au mauvais moment pour détruire les cultures de vignes et le travail de toute une année. Les années de1978 à 1981 ont à nouveau démontré, avec leurs quatre mauvaises récoltes consécutives, la fragilité d'une prospérité difficilement gagnée.

Il en était toujours ainsi. Aux richesses de l'époque gallo-romaine ont suivi les destructions des grandes invasions barbares; à la prospérité de la Renaissance ont suivi les misères de la Guerre de Trente Ans; aux famines du 19e siècle a suivi la relance de la commercialisation de la viticulture.

Les Mosellans ont appris à survivre aux crises. Les paysages mosellans le savaient toujours et les mauvaises années n'ont pu altérer leur beauté. C'est peut être à cause de cela que les Mosellans réussissent mieux que

Arbeit im Weinberg
Working in the vineyard
Travail dans le vignoble

Köppchen

konnten die schlechten Jahre noch nie etwas antun. Vielleicht auch deswegen nehmen die Moselländer das Leben leichter als andere.

Weinbau, Handel, Verkehr und heute auch Tourismus sind die Eckpfeiler der Moselwirtschaft. Sie kannte einen ersten Höhepunkt zur Zeit der römischen Besatzung.

Die Römer brachten als erste jene südländische Kultur an die Mosel, welche die Moselländer mehr als andere Luxemburger beeinflußt hat. Nicht nur wegen des milderen Klimas wird die Luxemburger Mosel oft als "midi" des Benelux bezeichnet.

Die Römer zogen sich aus dem Land zurück und hinterließen, neben einem Teil ihrer Charaktereigenschaften, neben ihren Straßen und Villen, von denen man heute noch Überreste in Bous oder Grevenmacher sehen kann, jene Rebe, die bis heute nicht mehr aus der Moselgegend wegzudenken ist. Zwischen der Einführung der Rebe an der Mo-

tion and tourism are the economic pillars of the Moselle region. This economy experienced its first high point during the time of the Romans. It was the Romans, before the French, who brought to the valley that Mediterranean culture which has left a deeper mark on Mosellans than on other Luxembourg people. It is not only its climate which has gained for the Moselle region the nickname, the "midi" of the Benelux.

The Romans departed but they left behind, beside some of their character, beside their roads and their villas, traces of which can still be found near Bous and Grevenmacher, the grapevine which has always been the principal source of wealth for the Mosellans, even though it was necessary to wait 2000 years after the planting of the first vines and even though at one time the grape was cultivated almost everywhere in the country to see the full development of the wine-growing art and the commercialization of the wine.

d'autres à prendre la vie du bon côté.

La viticulture, le commerce, les transports et le tourisme sont les piliers de l'économie de la région mosellane. Cette économie a connu son premier apogée aux temps des Romains. Les Romains, avant les Français, ont apporté à la vallée cette culture méditerranéenne qui a laissé une marque plus profonde aux Mosellans qu'aux autres Luxembourgeois.

Ce n'est pas seulement à son climat que la Moselle doit son surnom de "midi" du Benelux.

Les Romains se sont retirés et ont laissé, outre quelques traits de leur caractère, outre leurs routes et leurs villas, dont on trouve encore des vestiges près de Bous et de Grevenmacher, cette vigne qui a toujours été la principale richesse des Mosellans, même s'il a fallu attendre près de 2000 ans après l'implantation des premières vignes et même si à une certaine époque on cultivait le raisin presque dans tout le pays, pour voir

Remerschen

sel und der vollen, wirtschaftlichen Nutzung des Weinbaus sollten aber noch fast 2000 Jahre liegen, auch wenn in früheren Zeiten fast im ganzen Land Reben angepflanzt wurden. Vorerst widmeten sich die Einwohner des Moseltales dem Handel, der im Mittelalter neben dem Weinbau an der wichtigsten Verkehrsader des Landes aufblühte.

A thousand years ago, the inhabitants of the Moselle valley devoted themselves almost exclusively to commerce along the route of the most important waterway in the country. **Remich** was one of the first important marketplaces on the left bank of the river, and the local prosperity became the prey of numerous invaders who did not

s'épanouir pleinement la viticulture et le commerce du vin. Il y a mille ans, les habitants de la vallée de la Moselle se consacraient avant tout au commerce qui fleurissait au moyen âge à la Moselle, cette voie navigable la plus importante du pays. **Remich** a été l'un des premiers marchés importants sur le bord gauche du fleuve, ce qui a fait de la

Besonders **Remich** wurde schon sehr früh einer der wichtigsten Marktplätze am linken Moselufer, was dem Flecken einige Plünderungen räuberischer Kriegsscharen bescherte, die den Ort immer wieder in Not und Armut stürzten.

Grevenmacher lernte aus dem Remicher Unglück und errichtete 1252 erst einen dicken Festungsring, ehe dann hinter den Mauern die Stadt gebaut wurde, in der Händler und Handwerker in Ruhe ihrem Geschäft nachgehen konnten.

Mit der Zeit verlor die Mosel im europäischen Verkehrsnetz an Bedeutung und über die kleinen Handelsorte kamen schwere Jahre. Anfang des 19. Jahrhunderts litten viele Moselländer Hunger und mußten vor der Not bis nach Amerika flüchten.

Eine konsequente Förderung des kommerziellen Weinbaus ab 1890 leitete eine neue Blütezeit ein. In den 20er Jahren dieses Jahrhunderts organisierten sich die Winzer um die neu gegründeten Genossenschaftskellereien, neue Edelweinsorten wurden angebaut, neue Märkte erobert.

hesitate to sack the town and plunge it again into profound misery.

Grevenmacher learned a lesson from Remich's experiences and constructed a thick fortification before establishing a town within its walls which protected its inhabitants beginning in 1252.

Over the course of centuries, the Moselle lost some of its importance within the European network of connecting waterways and many localities saw their wealth dissipate. During the famine years of the 19th century a great number of Mosellans fled their country and emigrated to America.

Beginning in 1890, the commercial development of the wine industry was seriously begun with the help of the State government, a step that ushered in a new era of propriety. During the 1920s, winegrowers organized new cooperative units, some new varieties of superior quality grapes were imported and planted, some new markets for the wine were opened. At Grevenmacher and later in other localities, tasting

localité prospère la proie de nombreux envahisseurs qui ne se sont lassés de la mettre à sac et de la pousser dans la plus profonde misère.

Grevenmacher a tiré la leçon de l'expérience de Remich et a construit une épaisse fortification avant de fonder la ville à l'intérieur des murs qui ont protégé ses habitants à partir de 1252.

Au cours des siècles, la Moselle a perdu en importance dans le réseau européen de communication et beaucoup de localités ont vu leurs richesses se dissiper. Pendant les années de famine du 19e siècle, un grand nombre de Mosellans ont quitté leur patrie pour émigrer en Amérique.

A partir de 1890, la commercialisation de la viticulture a été activée avec l'aide de l'Etat, ce qui a mené à une nouvelle ère de prospérité. Dans les années vingt de notre siècle, les viticulteurs se sont organisés autour des nouvelles caves coopératives, de nouveaux cépages de qualité supérieure ont été impor-

In Grevenmacher und später in weiteren Orten, wurden Probetage eingeführt, die dem großen Publikum es ermöglichten die besten Luxemburger Weine kennenzulernen.

Heute hat sich die wirtschaftliche Lage an der Mosel stabilisiert. Der Fluß hat seit seiner Kanalisierung in den frühen 60er Jahren wieder an Bedeutung als Verkehrsweg gewonnen, die Infrastruktur des Weinbaus vermag es Mißernten und Krisenjahre zu überstehen, die in den 60er Jahren begonnene Flurbereinigung wird weitergetrieben. 70% der Luxemburger Winzer sind an eine der sechs Genossenschaftskellereien, Grevenmacher, Stadtbredimus, Greiveldingen, Wellenstein,

days and wine festivals enabled the general public to become familiar with the best vintages of Luxembourg.

Today the economic status of the Moselle region has become stabilized. The river has regained some of its importance as a route of navigation following a canalization program completed in the early 1960s. The infrastructure of the wine industry enables it to limit the losses due to poor crop years. The reallocation of land begun during the 1960s still continues. Some 70% of Luxembourg wine growers are linked to one of the six grower cooperatives, those of Grevenmacher, Stadtbredimus, Greiveldange,

tés, de nouveaux marchés conquis. A Grevenmacher, et plus tard dans d'autres localités, des journées de dégustation et des fêtes du vin ont permis au grand public de faire connaissance avec les meilleurs crus luxembourgeois.

Aujourd'hui la situation économique de la Moselle s'est stabilisée. Le fleuve a regagné une certaine importance comme voie navigable après la canalisation réalisée au début des années 60. L'infrastructure de la viticulture permet de limiter les dégâts des années de mauvaises récoltes. Le remembrement commencé pendant les années 60 est poursuivi. 70% des vignerons luxembourgeois sont reliés à une des six caves coopé-

Niederdonven

Lenningen

Remerschen und Wormeldingen angeschlossen, deren Produkte, mit Ausnahme der Wormeldinger, von der Dachgesellschaft Vinsmoselle vertrieben werden, zu rund 60% im eigenen Land und zu rund 30% in Belgien.

Doch nicht nur der Wein zieht alljährlich Tausende von Besuchern an die Mosel, sondern auch und vor allem die Schönheit der Landschaften und die Gastfreundlichkeit der Städtchen und Dörfer.

Das wissen auch die Luxemburger selbst, die Arbeiter der Großindustrie

Wellenstein, Remerschen and Wormeldange; the first five of these are further grouped in the company, Vinsmoselle, which markets their products, with 60% sold in Luxembourg itself and another 30% in Belgium.

To be sure, it is not only the wine which attracts thousands of visitors every year to the Moselle but also the beauty of its countryside and the hospitality of its towns and villages.

Luxembourgers themselves are the first to recognize this, the workers from the steelmills and the em-

ratives de Grevenmacher, Stadtbredimus, Greiveldange, Wellenstein, Remerschen et Wormeldange, dont les cinq premières sont regroupées dans la société Vinsmoselle, qui négocie leurs produits, à 60% au pays même à 30% en Belgique.

Bien sûr ce n'est pas seulement le vin qui attire chaque année des milliers de visiteurs sur les berges de la Moselle, mais aussi et surtout la beauté du paysage et l'hospitalité des villes et villages.

Les Luxembourgeois eux-mêmes sont les premiers à le savoir, les ouv-

Wellenstein

und die Beamten der Hauptstadt, die hier ihre Freizeit verbringen, in den selbstgezimmerten Wochenendhäuschen, mit der Angelrute ausgestattet am Ufer des Flusses, auf den sonnigen Terrassen der Cafés oder auf den zahlreichen Wanderwegen in den Weinbergen.

In **Schengen** kann man ein Schloß besuchen, dessen älteste Teile aus dem 13. Jahrhundert stammen. Victor Hugo war 1872 Gast hier und fertigte damals eine Zeichnung des alten Schloßturmes an, die man heute auf den Etiketten verschiedener Schengener Weine sehen kann. Remerschen sorgte in den 70er Jahren für Schlagzeilen in der Luxemburger Presse, als hier ein Kernkraftwerk gebaut werden sollte, gegen das alle Umweltschützer des Landes auf die Barrikaden gingen. Das Projekt wurde aufgegeben und Remerschen blieb als ein Natur- und Freizeitgebiet erhalten, das zahlreiche Vogelarten und Sommergäste an seine Baggerweiher lockt.

Einen besonderen Wert auf Vergangenheit und Traditionen des Weinbaus wird in den Dörfern **Schwebsingen**, **Wellenstein** und **Bech-Kleinmacher** gelegt. Der restaurierte Dorfplatz von Wellenstein gehört zu

ployees of the capitol who spend their free time there, either in a little bungalow built during week-ends, or at the water's edge with a fishing rod in hand, on the sunny café terraces or on one of the numerous footpaths laid out in the vineyards.

At **Schengen**, one can visit a castle whose oldest portions date from the 13th century. Victor Hugo was a guest there in 1872 and the sketch he made of the old tower today decorates the label of certain wines from Schengen. During the 1970s, Remerschen was often mentioned in Luxembourg newspapers as the government planned to install a nuclear reactor there, a plan which ecologists opposed ferociously. The plans for the reactor ended up in a desk drawer somewhere and Remerschen saved its nature preserve where many species of birds and many tourists are able to relax around several deserted gravel quarries.

The villages of **Schwebsange**, **Wellenstein** and **Bech-Kleinmacher** have an aura of the past, with traditions of wine-growing particularly respected. The village center of Wellenstein with its ancient restored houses is one of the most beautiful in the country.

riers de la sidérurgie et les employés de la capitale qui y passent leur temps libre, dans les petits chalets qu'ils ont construits eux-mêmes pendant leurs fins de semaine, sur les bords de l'eau, équipés d'une ligne de pêche, sur les terrasses ensoleillées des cafés ou sur l'une des nombreuses promenades aménagées au milieu des vignobles.

A **Schengen** on peut visiter un château dont les plus anciennes parties datent du 13e siècle. Victor Hugo en était l'hôte en 1872 et le dessin qu'il a fait de la vieille tour orne aujourd'hui les étiquettes de certains vins de Schengen. Remerschen a fait dans les années 70 la une des journaux luxembourgeois à cause de la centrale nucléaire que le gouvernement voulait y construire, un projet auquel les écologistes se sont farouchement opposés. Les plans de la centrale sont retournés dans les tiroirs et Remerschen a conservé sa réserve naturelle qui attire de nombreuses espèces d'oiseaux et les touristes qui se retrouvent autour de ses étangs.

Les villages de **Schwebsange**, **Wellenstein** et **Bech-Kleinmacher** ont un sens du passé et des traditions de la viticulture particulièrement développé. Le centre du village de Wel-

den schönsten des Landes.

1972 hat ein Privatmann in Bech-Kleinmacher das erste Luxemburger Wein- und Folkloremuseum eröffnet.

Im Haus "A Possen" aus dem Jahr 1617 kann man eine alte Küche mit Backofen und Gerät aus der Zeit der Französischen Revolution besichtigen, ein typisches Wohnzimmer ("Stuff") mit alten Möbeln und Bildern, ein Schlafzimmer mit Himmelbett, eine Milchkammer, eine Webstube und eine Spielzeugsammlung. Im eigentlichen Weinmuseum sind historische Winzerwerkzeuge ausgestellt, es wurde ein Küferatelier und eine alte Brennerei eingerichtet. Im anliegenden Haus "A Muedels" sind ein Schusteratelier, eine gewölb-

In 1972, a private enterprise opened the first museum dedicated to the wine and the folklore of Luxembourg at Bech-Kleinmacher.

The house, "A Possen", dates from 1617 and contains an antique kitchen with an oven and kitchen utensils from the time of the French Revolution, a "Stuff", (a living-room) with furniture and pictures of the same period, a bedroom with a tapestried bed, a food-safe, a weaver's workshop and a collection of antique toys. In the museum of wine itself the visitor can view a historic collection: wine-working tools, a cask-maker's shop and an ancient distillery. In the house called "A Muedels", part of the museum, there is another barrel maker's

lenstein avec ses vieilles maisons restaurées figure parmi les plus belles places publiques du pays.

En 1972, le premier musée du vin et du folklore luxembourgeois a été ouvert par un particulier à Bech-Kleinmacher. La maison "A Possen" date de 1617 et a recueilli une vieille cuisine avec un four et des articles ménagers du temps de la Révolution Française, une "Stuff" (salle de séjour) avec des meubles et des tableaux d'époque, une chambre à coucher avec un lit à baldaquin, un garde-manger, un atelier de tissage et une collection de jouets anciens. Dans le musée du vin proprement dit on peut visiter une collection historique d'outils viticoles, un atelier de tonnelier et une vieille distillerie.

Wormeldange

te Küche und eine Ofensammlung untergebracht.

Altes und Neues lebt in **Remich** nebeneinander, in den kleinen Gassen der Altstadt und auf der Esplanade am Moselufer, mit ihren zahlreichen Gaststätten einer der beliebtesten Ausflugsziele der Luxemburger.

Im Schloß **Stadtbredimus**, das einst vom Nationaldichter Edmond de la Fontaine, genannt Dicks, bewohnt wurde, hat heute die Vinsmoselle ihren Sitz. **Ehnen** dürfte das schönste der Luxemburger Winzerdörfer sein, mit der einzigen Kirche des Landes in Form eines Rundbaus, seinen schmalen, winkligen Gassen, die ganz ihren mittelalterlichen Charakter behalten haben und seinen Pa-

workshop, a vaulted kitchen and a collection of cooking pots from the period.

The past and the present are well blended at **Remich**, in the narrow lanes of the old town and on the esplanade along the Moselle which, with the many cafés and restaurants, is one of the places Luxembourgers love to visit on summer days.

The castle at **Stadtbredimus**, where the Luxembourg national poet, Edmond de la Fontaine (called Dicks), lived in the 19th century, is now the head office of Vinsmoselle. **Ehnen** is considered by many to be the most beautiful wine grower's village in Luxembourg, with its unusual church on circular founda-

Dans la maison "A Muedels", intégrée au musée, sont installés un atelier de cordonnier, une cuisine voûtée et une collection de poêles d'époque.

Le passé et le présent font ménage à **Remich**, dans les étroites ruelles de la ville et sur l'esplanade qui longe la Moselle et qui est avec ses nombreux cafés et restaurants un des endroits où les Luxembourgeois aiment se retrouver les jours d'été.

Le château de **Stadtbredimus**, où le poète national Edmond de la Fontaine, dit Dicks, a vécu au 19e siècle, est aujourd'hui le siège de la Vinsmoselle. **Ehnen** peut être considéré comme le plus beau village de vignerons du Luxembourg, avec l'unique

Schiffe und Boote an der Mosel
Ships and boats on the Moselle
Bâteaux et barques sur la Moselle

Romantische Ecken in Remich, Ehnen und Greiveldingen
Romantic corners in Remich, Ehnen and Greiveldange
Coins romantiques à Remich, Ehnen et Greiveldange

izierhäusern der Renaissance.

Das stattliche Weinmuseum in Ehnen, das in einem alten Herrschaftshaus eingerichtet wurde, zeigt das frühere Eichamt von Ehnen, eine alte Schmiede und eine Küferwerkstatt. Mit Bildern und Arbeitsgeräten werden die Arbeit des Winzers und die Geschichte des Weinbaus dargestellt. Im Hinterhof des Museums ist ein Musterweinberg angelegt, mit den einheimischen Rebsorten und Tafeltrauben.

Wormeldingen ist die Hochburg des Luxemburger Weinbaus. Die Weinlage Köppchen, die den Ort überragt, ist die bekannteste der Luxemburger Mosel und ein Riesling Köppchen Grand Premier Cru wird allgemein

tions, its twisted, shady lanes retaining their medieval character, and its old patrician homes from the Renaissance period.

The Wine Museum in Ehnen, located in an old patrician mansion belonging to the State, shelters the former official weighing office of the village, an antique forge and a cask-making workshop. Pictures and tools portray the wine-grower's work and the history of the wine industry. Behind the museum, a pilot-scale vineyard contains samples of the various grapes of Luxembourg's vine-yards and some table grapes.

Wormeldange is the outstanding winegrowing center. The Köppchen vineyard which towers above the

église sur plan circulaire du pays, ses ruelles tordues et ombrageuses, qui ont tout conservé de leur caractère médiéval, et ses vieilles maisons patriciennes de la Renaissance.

Le Musée du vin, situé dans une vieille maison patricienne qui appartient à l'Etat, héberge l'ancien bureau d'étalonnage du village, une forge et un atelier de tonnelier. Des panneaux et des outils montrent le travail du viticulteur et l'histoire de la viticulture. Derrière le musée a été installé un vignoble modèle avec les cépages luxembourgeois et des raisins de table.

Wormeldange est le centre viticole par excellence. La Köppchen, qui surplombe le village, est le plus con-

Eine "Gässel" in Grevenmacher   A "Gässel" in Grevenmacher   Une "Gässel" à Grevenmacher

als das Beste angesehen, das die Mosel zu bieten hat. Eine botanische Kuriosität ist der Palmberg bei **Ahn**, ein Hügel mit einer Mittelmeerflora, Buchsbaum und seltenen Orchideen.

Grevenmacher merkt man heute noch an, daß es jahrhundertelang in seinen Festungsmauern eingepfercht war. Um den früheren Wehrturm, an den 1782 die Kirche angebaut wurde, winden sich die schmalen Gassen, in denen früher die Handwerker lebten und arbeiteten und die, nach einer stilgerechten Restaurierung, nichts an Originalität verloren haben.

Mertert besitzt den einzigen Luxemburger Flußhafen, an dem vor allem Stahl und Eisen, Kohle und Erdölprodukte umgeschlagen werden.

Wasserbillig ist ein Handelszentrum und Verkehrsknotenpunkt, in dem jene Waren verkauft werden, die in Luxemburg leichter besteuert werden als in den Nachbarländern: Benzin, Tabak und Alkohol.

Hier mündet die Sauer in die Mosel, die ihrerseits das Land verläßt und dem Rhein zufließt.

Im Hinterland der Mosel, nahe der

village is the best known of all Luxembourg vineyards and a Riesling Köppchen Grand Premier Cru is often said to be the best wine from the Luxembourg Moselle. The Palmberg vineyard near **Ahn** is a genuine botanical phenomenon which displays the appearance of a Mediterranean hillside with its boxwood and its orchids.

Grevenmacher preserves the remnants of its past as a fortified town. In 1782, the church of the town was joined to the medieval defense tower which today serves as a peaceful belfry. Coiling around it are the lanes where artisans worked long ago and which have been carefully restored to preserve their picturesque character.

Mertert is the site of the only river port in Luxembourg through which are shipped steel and iron, coal and petroleum. Wasserbillig is a commercial center and a cross-road where many de luxe articles are on sale: gasoline, tobacco and alcohol, all products taxed more lightly in Luxembourg than in neighbouring countries.

It is here that the Sûre flows into the

nu des vignobles luxembourgeois et un Riesling Köppchen Grand Premier Cru est souvent cité comme meilleur vin de la Moselle luxembourgeoise. Un véritable phénomène botanique est le Palmberg près de **Ahn**, qui présente les caractéristiques d'une colline méditerranéenne avec ses colonies de buis et ses orchidées.

Grevenmacher garde les traces de son passé comme ville forteresse. A la tour de défense médiévale qui sert aujourd'hui de clocher paisible, l'église a été rajoutée en 1782. Autour de celle-ci, se blotissent les ruelles où travaillaient jadis les artisans et qui, après une minutieuse restauration, n'ont rien perdu de leur pittoresque.

Mertert possède le seul port fluvial du Luxembourg, dans lequel sont transbordés surtout l'acier et le fer, le charbon et le pétrole. Wasserbillig est un centre commercial et un carrefour important, où on vend ces articles dits de luxe, qui sont moins lourdement taxés au Luxembourg que dans les pays voisins: l'essence, le tabac et l'alcool.

C'est ici que la Sûre se jette dans la

Grevenmacher

Die ASTRA-Kontrollstation in Betzdorf   The ASTRA headquarter in Betzdorf   La station de cotrôle ASTRA à Betzdorf

kleinen Ortschaft **Betzdorf**, versteckt sich seit 1988 die Kontrollstation des Luxemburger Fernsehsatelliten Astra.

Das Kontrollzentrum, das auf den Ländereien des früheren großherzoglichen Schlosses errichtet wurde, ist in seiner Art das modernste der Welt und verfügt über Parabolantennen von 11 und 9,5 Metern Durchmesser, zur Steuerung, Telemetrie und Kontrolle mehrerer Satelliten mit

Moselle which, in its turn, here leaves Luxembourg to continue down towards the Rhine.

In 1988, the control station for the Luxembourg television satellite, Astra, was installed in an undeveloped part of the Moselle region near the village of **Betzdorf**. The control station, built on land of the former Grand Ducal castle, is the most modern of its type in the world; it has parabolic antennas, one of 11

Moselle, qui à son tour quitte le pays pour descendre vers le Rhin.

Dans l'arrière-pays de la Moselle, près de la localité de **Betzdorf**, est située depuis 1988 la station de contrôle du satellite de télévision luxembourgeois Astra. Le centre de contrôle, construit sur le terrain de l'ancien château grand-ducal, qui est le plus moderne du monde dans son genre et qui possède des antennes paraboliques de 11 et 9,5m de dia-

Mondorf: Le Domaine Thermal

örfunk- und Fernsehkanälen. Die ontrollstation trug zusammen mit er Infrastruktur des privaten Fern-eh- und Radioimperiums RTL in uxemburg-Stadt dazu bei, daß uxemburg zu einem der euro-äischen Pioniere im audiovisuellen ereich wurde.

benfalls 1988 wurde das neue Ther-albad in **Mondorf** eröffnet. Das rojekt, an dem fast 10 Jahre geplant nd gebaut wurde, ermöglichte einen onsequenten Ausbau der Aktivitä-n des einzigen Luxemburger Kur-ades. In Mondorf wird heute neben em traditionellen Kurbetrieb eine roße Palette von Programmen in en Bereichen Thermalkuren, Prä-entivmaßnahmen, Gesundheits-flege, Fitness und Freizeitgestaltung ngeboten. Die Ortschaft verfügt dar-ber hinaus über das einzige Spiel-asino Luxemburgs

meters, the other of 9.5, for guidance, control and telemetry of satellites which support radio and television channels. The control center as well as the infrastructure of the radio and television empire of RTL, a private company in Luxembourg City, have combined to make Luxembourg one of Europe's pioneers in the audio-visual medium.

Also in 1988, the new Thermal Domain at **Mondorf** was inaugurated. This project, whose conception and construction have been under way for nearly 10 years considerably extends the activities of the only hot bath spa in Luxembourg. Besides the traditional thermal treatments, Mondorf today offers a vast range of programs: thermal baths for preventive and hygenic uses, and sport and leisure activities. Furthermore, the area offers the only game casino in Luxembourg

mètre destinées au guidage, à la télémétrie et au contrôle de satellites diffusant des programmes radio et TV. Comme la radio privée RTL à Luxembourg-Ville, cette station a contribué à faire du Luxembourg un des pionniers européens dans le domaine de l'audio-visuel.

En 1988 fut également inauguré le nouveau Domaine Thermal à **Mondorf**. Le projet, dont la conception et la construction ont duré presque 10 ans, permettait l'extension conséquente des activités thermales traditionnelles. Mondorf offre aujourd'hui toute une palette de programmes dans le domaine des traitements balnéaires, des mesures préventives, de l'hygiène, des activités sportives et des loisirs. De plus, la localité dispose de l'unique casino de jeux du Luxembourg

Luxemburger Weine und Spezialitäten
Wines and dishes from Luxembourg
Vins et spécialités luxembourgeoises

In den Kellereien der Luxemburger Mosel werden fast ausschließlich Weißweine hergestellt. Zwar findet man hie und da Rotwein oder Rosé Luxemburger Herkunft auf dem Markt, doch nur in sehr geringen Mengen, sozusagen als Kuriosum. Sieben Weinsorten werden angeboten und können mit den Qualitätslabeln "Marque nationale", "Cru classé", "Premier cru" oder "Grand premier cru" ausgezeichnet werden. Elbling ist ein leichter, erfrischender Alltagswein, Rivaner ein trockener Tafelwein, eine Mischung aus Riesling- und Sylvanertrauben, Auxerrois ein weniger herber Aperitifwein, Riesling der beste der Luxemburger Weine, fein und trocken, wenn er aus einer guten Lage stammt, Pinot Blanc ein neutraler und frischer Wein, der ausgezeichnet zum Fisch paßt, Ruländer ein etwas schwerer, voller Wein, der zum Fleisch gereicht werden kann und schließlich Gewürztraminer, ein harmonischer Nachtischwein, der leider nur in sehr kleinen Qualitäten angebaut wird.

Neben Weißwein wird in den Luxemburger Wirtshäusern vor allem Bier getrunken, ein helles Exportbier, das in Brauereien in Luxemburg-Stadt, Esch, Bascharage, Diekirch und Wiltz hergestellt wird. Dunkles Bier wird nur ausnahmsweise getrunken. Dafür ist Branntwein weit verbreitet und wird in über 30 Sorten angeboten, vom einfachen Korn und Apfel bis zu Trester und Weinhefe über Quetsch, Mirabelle, Birne oder Pflaume.

Bietet die Luxemburger Gastronomie eine internationale Küche an, die vom Spitzenrestaurant mit französischer Tafel bis zur kleinen volkstümlichen italienischen Pizzeria reicht, so ist die rein Luxemburger Küche eher bäuerlich-ländlich. Ar-

Luxembourg's wineyard produces almost exclusively white wines. One may exceptionally find red wine from Luxembourg but only in very small quantities, as a curiosity. There are seven different kinds of wine in Luxembourg, most of them bearing one of the usual quality labels "Marque nationale", "Cru classé", "Premier cru" or "Grand premier cru": Elbling, a light and refreshing everyday wine, Rivaner, a dry table wine, a mixture of Riesling and Sylvaner, Auxerrois, a less dry wine with a pronounced aroma one may drink as an aperitif, Riesling, a delicate and dry wine, the best of Luxembourg's wineyard, Pinot blanc a balanced and refreshing wine that goes with fish, Pinot gris, a full and rich wine that goes with meat and last not least Gewürztraminer an aromatic dessert wine produced in small quantities.

Despite their excellent wineyards, most of the Luxembourgers are beer

Dans les caves luxembourgeoise sont produits presque exclusivemer des vins blancs. On trouve parfois d vin rouge ou rosé d'origine luxem bourgeoise, mais seulement en trè faible quantité, comme curiosité pou ainsi dire. Il existe sept appellation de vin luxembourgeois qui peuver porter les labels de qualité "Marqu nationale", "Cru classé", "Premie cru" et "Grand premier cru". Elblin est un vin ordinaire léger e raffraichissant, Rivaner un mélang de Riesling et de Sylvaner, un vin d table sec, Auxerrois un vin d'apérit doux au bouquet prononcé, Rieslin un vin fin et sec, le meilleur des vin luxembourgeois s'il a grandi dans u vignoble de qualité, Pinot blanc u vin neutre et raffraîchissant qu accompagne le poisson, Pinot gris u vin plus lourd et plein qui peu accompagner la viande et finalemer Gewürztraminer un vin de desse produit en faible quantité.

Plus que consommateur de vin, l Luxembourgeois est buveur de bièr La bière blonde en règle générale e produite dans les brasseries Luxembourg-Ville, à Esch, à Bascha rage, à Diekirch et à Wiltz. La biè brune est plus rare. L'eau-de-vie pe contre est très répandue et existe e plus de 30 variantes du simple alcoo de grain ou de pomme jusqu'au mar et à la lie de vin en passant par quetsch, la mirabelle, la poire et prune.

La gastronomie luxembourgeois offre une cuisine internationale allar des grands restaurants français ju qu'aux petites pizzerias italienne populaires. La cuisine spécifique ment locale est surtout rurale vo paysanne. Le jambon d'Ardennes, petit salé aux fèves et aux pomm de terre (le fameux plat nation "Judd mat Gaardebounen"), les aba les charcuteries et les patés fo

enner Schinken, Räucherfleisch mit
eftigen Beilagen (etwa das Natio-
algericht "Judd mat Gaarde-
ounen"), Innereien, Würste und
asteten gehören zur traditionellen
uxemburger Küche, wie auch
Kachkéis", ein klebriger Streich-
äse, der in fast keinem Luxem-
urger Haushalt fehlt, an den sich der
usländische Gaumen jedoch erst
ewöhnen muß und die "Friture", ein
ericht mit kleinen fritierten
Moselfischen zu dem sich die Zuta-
n jedoch heute kaum noch in der
Mosel selbst finden lassen und im-
ortiert werden müssen ▪

drinkers. The local beer, produced in
Luxembourg City, Esch, Bascharage,
Diekirch and Wiltz is a strong export
beer. Dark beers are rare. In return
one finds more than 30 different
kinds of brandy from the simple
grain or apple brandy to brandies
made of husks of pressed grapes, of
quince or the famous quetsch, pear
and prune. All over the place one
finds international restaurants ranging from the first-class hostellerie
with fine french cuisine to the
popular italian pizzeria. The typical
local dishes are in general of rural
origine: ham from the Ardennes,
smoked meat with beans an potatoes
(the national plate "Judd mat Gaardebounen"), offals, sausages or pies.
Other typical dishes are a sticky,
yellow cheese called "Kachkéis" and
a plate of fried fish from the Moselle:
the "friture". Nowadays most of the
fish for the "friture" is imported ▪

partie des spécialités luxembourgeoises comme le "Kachkéis",
un fromage à tartiner collant dont
raffolent les autochtones mais qui
n'est pas du goût de tout visiteur et la
friture de petits poissons de la
Moselle dont les ingrédients ne se
trouvent pratiquement plus dans la
Moselle même et qui sont la plupart
du temps importés ▪

Die Minettegegend
The mining basin
Le bassin minier

Die Minettsdäpp sind am Ende
es ist so schnell gegangen
du hast kaum etwas gemerkt
und heute muß man schon
ganz still sein
dann hört man sie vielleicht noch
ein letztes Mal
durch die Straßen ziehen abends
mit ihren genagelten Schuhen

The "Minettsdäpp" are at an end
it happened so quickly
that one might not have noticed
and today it is necessary to be
very alert
perhaps to hear them
one last time
passing in the streets in the evening
with their cleated boots

Les "Minettsdäpp" sont à bout
cela s'est passé si vite
que tu as failli ne pas t'en apercevoir
et aujourd'hui il faut être
très attentif
alors peut-être on les entend
une dernière fois
le soir passer dans les rues
avec leurs souliers cloutés

In seinem Theaterstück "De Gaalgebierg" singt der Luxemburger Autor Fernand Barnich ein Abschiedslied auf jene Leute, die hundert Jahre lang das Leben in den Städten des Südens bestimmt haben und heute ausgestor-

In his work "De Gaalgebierg", the Luxembourg author Fernand Barnich wrote a farewell hymn to these men who for a century provided the life of the cities in the south and today have disappeared: the miners who

Dans sa pièce "De Gaalgebierg", l'auteur luxembourgeois Fernand Barnich a écrit un chant d'adieu pour ces hommes, qui, pendant un siècle, ont donné le ton à la vie

ben sind: die Bergleute, eben jene Minettsdäpp. Hundert Jahre lang sind sie "in den Berg hineingegangen, wie in einen Wald", haben sie dem Boden seinen Reichtum entrissen, um ihn dem Land zu geben. Sie selbst hatten lange Zeit kaum Anteil an diesem Reichtum, brachten eben so ihre Familie durch und mit etwas Glück reichte es am Ende für ein kleines Eigenheim in einer Arbeitersiedlung, die man heute Cité nennt und die damals noch Kolonie hieß. Die Bergleute sind heute ausgestorben, ihre Arbeit kann man nur noch im **Rümelinger** Grubenmuseum nachvollziehen. Die Gruben haben geschlossen.

Die mit der Eisenerzförderung Ende vorigen Jahrhunderts aufgebaute Stahlindustrie aber besteht weiter. Die Gewerkschaftler, Politiker und Manager waren sich einig, als in den 70er Jahren die größte Stahlkrise aller Zeiten begann: mit seiner Stahlindustrie wird Luxemburg auch seinen kleinen Platz am Tisch der Großen verlieren. Man setzte sich dran zu retten, was noch zu retten war. Unter dem Motto Gesund-

in that area were called "Minettsdäpp". For a century they "went into the mountain as someone goes into a forest", to extract the ore that was the foundation of the country's prosperity. During that long time they themselves did not share in the riches they provided to the country; they could scarcely feed their families and at the end of their lives, if they were lucky, they had been able to save enough to buy a little house in one of the worker's towns that at the time were called colonies. The miners are gone today, their work can be recalled by visiting the museum of mines at **Rumelange**. The mines themselves have all been closed down.

The steel industry, developed at the end of the last century and based on the extracted iron of the mines, still continues. In the mid 1970's, when the most serious crisis of all time began in the steel industry, unions, politicians and management were in total agreement: with its steel industry Luxembourg was losing its small place among the big powers. A combined effort was launched to

des cités du sud et qui aujourd'hui ont disparu: les mineurs qu'au pays on appelle "Minettsdäpp". Pendant un siècle ils sont "entrés dans la montagne comme on entre dans une forêt", pour extraire du sous-sol la matière qui est à l'origine de la prospérité du pays. Pendant longtemps ils n'ont pas participé eux-mêmes à la richesse qu'ils ont procurée au pays; à peine ont ils pu nourrir leurs familles et à la fin de leur vie, avec beaucoup de chance, ils avaient mis de côté assez d'argent pour s'acheter une petite maison dans une de ces cités ouvrières qu'à l'époque on appelait colonies. Les mineurs ont disparu aujourd'hui, leur travail, on peut l'imaginer en visitant le musée des mines à **Rumelange**. Les mines elles-mêmes ont toutes été fermées.

L'industrie de l'acier, issue à la fin du siècle dernier de l'extraction du minerai de fer, subsiste. Quand au milieu des années 70 s'est fait ressentir la crise sidérurgique, la plus grave de tous les temps, les syndicats, les hommes politiques et le patronat étaient d'accord: avec sa sidérurgie le Luxembourg perdrait sa petite place

schrumpfung wurde abgebaut und modernisiert.

Mit der Rationalisierung, nach dem sogenannten "Luxemburger Modell" am Dreiertisch von Regierung, Patronat und Gewerkschaften gemeinsam organisiert, begann für die Minettegegend die Zeit der Angst. Zwar sollte abgebaut werden ohne Entlassungen in den Stahl- und Walzwerken, doch die Zeiten als die Söhne in die Fußstapfen der Väter treten konnten, scheinen endgültig vorüber. Die Minettegegend und ihre Arbeit zogen einst Arbeitssuchende aus halb Europa an: kleine Landwirte aus dem Ösling und verarmte Italiener, polnische Bergarbeiter und portugiesische Bauern. Heute müssen sich die Einwohner der Minettegegend ihre

save the salvable. Rationalization and modernization were the key words in the battle to meet the crisis.

With the rationalization of the so-called Luxembourg model, participated in by the government, management and unions, a time of uncertainty began for the residents of Luxembourg's south. Even though the work force was reduced without dismissals, the time when sons could replace their fathers at work was ended definitely. At that time, the mining basin and the work there drew men from many places: country folk from the Oesling and Italian laborers, Polish miners and Portuguese farmers. Today the inhabitants of the basin must look for work elsewhere. The steel factories have not been

à la table des grands. De commun effort, on a sauvé ce qui était encore sauvable. Rationalisation et modernisation ont été les mots clés de la lutte anti-crise.

Avec les rationalisations organisées selon le modèle dit luxembourgeois dans la tripartite du gouvernement, du patronat et des syndicats, ont commencé des temps d'incertitude pour les habitants du sud luxembourgeois. Même si on allait réduire les effectifs sans licenciements, les temps où les fils prenaient automatiquement la relève des pères, sont révolus définitivement. A l'époque, le bassin minier et son travail attiraient des travailleurs de toutes parts: les petits paysans de l'Oesling et les ouvriers italiens, les mineurs

Esch-sur-Alzette

Arbeit auswärts suchen. Die Stahlindustrie stellt seit Jahren kaum noch ein.

Begonnen hat das Epos der Luxemburger Stahlindustrie in den 70er Jahren des 19. Jahrhunderts.

Man hatte gerade die Minette wiederentdeckt, jene eisenhaltige, rote Erde, die schon von den Römern hier verarbeitet wurde, dann aber in Vergessenheit geriet.

Nur drei Kilometer tief in das Landesinnere reicht der Streifen an der französischen Grenze, unter dem sich das kostbare Erz befand. Doch sollte dieser kleine Streifen die Geschicke des Landes fundamental verändern. Aus einem Agrarland wurde in weniger als 30 Jahren eine reiche Industrienation. Die Erfindung des Thomas-Verfahrens im Jahr 1878 gab den Ausschlag und ermöglichte die Nutzung der phosphorreichen Luxemburger Minette zur Stahlgewinnung.

Bereits 1871 war in Esch der erste Hochofen gebaut worden. Aus den Dörfern **Düdelingen**, **Rümelingen**, **Esch**, **Differdingen**, **Rodange** und

hiring for a long time.

The epic of the Luxembourg steel industry began in the 1870s. The "minette" had just been rediscovered, that red, iron-bearing rock which had been exploited in the time of the Romans but which had been forgotten ever since then.

The land containing the precious mineral was a strip of only three kilometers along the French frontier. But this narrow strip was destined to transform the entire country in a fundamental manner. In less than 30 years an agrarian country was transformed into a highly industrialized nation. The invention of the Thomas process in 1978, which enabled the phosphorous-rich Luxembourg mineral to be used for fabricating steel, was decisive in this evolution.

The first blast-furnace had been constructed at Esch in 1871. Quickly, the villages of **Dudelange**, **Rumelange**, **Esch**, **Differdange**, **Rodange** and **Pétange** became industrial cities which today comprise the second urban center in the country after Luxembourg City.

polonais et les agriculteurs portugais Aujourd'hui les habitants du bassin doivent chercher leur travail ailleurs Les usines sidérurgiques n'embauchent plus depuis longtemps.

L'épopée de la sidérurgie luxembourgeoise a commencé dans les années 70 du siècle dernier. On venait de redécouvrir la "minette", cette roche rouge ferrugineuse qui était déjà exploitée aux temps des Romains, mais qui était tombée en oubl depuis.

Le terrain sous lequel se trouvait le précieux minerai se limite à une bande large de trois kilomètres seulement le long de la frontière française Mais cette étroite bande allait transformer le destin de tout un pays de façon fondamentale. En moins de 30 ans, un pays agraire s'est transformé en une nation hautement industrialisée. L'invention du procédé Thomas en 1878 qui permet d'utiliser le minerai luxembourgeois trop riche en phosphore pour la fabrication de l'acier était décisive dans cette évolution.

Déjà en 1871, le premier haut-fourneau avait été construit à Esch. Rapi

Rote Erde
Red Earth
Terre Rouge

Stahlarbeiter
Steel-workers
Les ouvriers de l'acier

Spazierweg in der Minettegegend   Walking path in the minett region   Promenade dans le bassin minier

Petingen wurden Industriestädte, die heute neben Luxemburg-Stadt den zweitgrößten Ballungsraum des Landes darstellen.

Der erste Aufbau der Luxemburger Eisenindustrie dauerte bis zum Ersten Weltkrieg. Damals wurde das Hauptgewicht auf die Förderung der Erze und auf die Produktion von Roheisen gelegt. Neu orientiert wurde die Industrie ein erstes Mal nach dem Ersten Weltkrieg und nach dem Austritt aus dem Zollverein mit Deutschland, ein zweites Mal nach dem Zweiten Weltkrieg, als die Stahlproduktion völlig neue Dimensionen erreichte. Die Jahre 1946 bis 1974 bleiben die großen Jahre des Minettebassins. Soziale Errungenschaften erleichterten den Arbeitsalltag, ein gewisser Wohlstand und soziale Sicherheit schienen für immer gesichert. Das letzte Jahrzehnt hat gezeigt, daß dem nicht so ist.

Resignieren tun die Einwohner der Südstädte jedoch nicht. Geprägt von ihrer harten Geschichte, wehren sie sich, wenn es darum geht, das Lebenswichtige zu retten. Wie die Differdinger vor einigen Jahren bei einer Protestaktion vordemonstrierten, wollen sie trotz Rationalisierung,

The first phase of the steel industry's development lasted up to the outbreak of the first World War. At that time, extracting the ore and producing raw iron were the principal activities of the industry. After the war, the first shift in direction occurred by the annulment of the customs union with Germany. After the second World War another change in direction resulted in production of steel for a global market. The years from 1946 to 1974 remain the banner years of the Luxembourg steel industry and the mining basin. The income derived improved the daily life of the workers, prosperity and social security seemed assured forever. The past ten years showed that it was not to be.

Rolling over and playing dead is not characteristic of the people in the mining basin. Hardened by the severity of their history, they fought to defend their integrity. As the residents of Differdange have demonstrated for several years, despite the readjustments and the unemployment, despite the halt in hirings and the divisions brought on by the crisis, they resolutely opposed transformation of their localities into

dement les villages de **Dudelange, Rumelange, Esch, Differdange, Rodange** et **Pétange** se transformèrent en villes industrielles qui représentent aujourd'hui, après Luxembourg-Ville, le deuxième centre urbain du pays.

La première phase du développement de la sidérurgie a duré jusqu'au début de la première guerre mondiale. A cette époque, l'extraction du minerai et la production du fer brut étaient les activités principales de l'industrie. Après la guerre, une première réorientation a eu lieu avec l'annulation de l'union douanière avec l'Allemagne. Après la deuxième guerre mondiale une nouvelle réorientation allait dans le sens d'une production d'acier à l'échelle mondiale. Les années de 1946 et 1974 restent les grandes années de la sidérurgie luxembourgeoise et du bassin minier. Les acquis ont facilité la vie quotidienne des ouvriers, une certaine prospérité et une sécurité semblaient assurées pour toujours. La dernière décénie a montré qu'il n'en était rien.

La résignation n'est pas du répertoire des habitants du bassin minier. Marqués par la dureté de leur histoire, ils se battent pour défendre

Notstandsarbeiten, Einstellungsstop und Antikrisendivisionen ihre Siedlungen nicht zu toten Städten verkümmern lassen. Durch rege kulturelle Aktivitäten im breitesten Sinne des Wortes etwa, die man sich im Süden seit jeher selbst geschaffen hat, durch die zahlreichen Musik-, Theater-, Film- und Fotovereine, durch die Sport- und Freizeitklubs, um nur einige zu nennen. Denn leutselig sind die Minetter auch in der Krisenzeit geblieben, und sie haben wenig vom Stubenhocker, der sich mit seinen Problemen in den eigenen vier Wänden einschließt.

Das spürt auch der Besucher, der eine Rundreise durch Luxemburg nicht nur auf die touristischen Gegenden beschränkt. Hier im Süden haben die Menschen alles geschaffen und sogar die Landschaften wurden von Menschenhand umgeformt, um

dead cities. Through many cultural activities for example, musical and theatrical clubs, those of cinema and photography, sport clubs, to mention only a few, people keep active. For despite the crisis the inhabitants of the mining basin have no desire to lock themselves up within their own four walls. They have preserved their sociable personalities, which will be evident to a visitor to Luxembourg who does not confine himself to the so-called tourist areas.

The landscape of the mining basin is also worth a detour, this landscape in which man has altered nature. These red lands, where flora is regaining supremacy over machines, have a new and strange beauty, in the final accounting, the beauty of labor.

A visit of the museum installed in an old mine called "Waalert" at **Rumelange** is recommended. There one

l'essentiel. Comme les Differdangeois l'ont démontré il y a quelques années, malgré les rationalisations et le chômage, malgré le manque d'embauche et les divisions anti-crise, ils s'opposent résolument à la transformation de leurs cités en villes mortes: Par les innombrables associations musicales et théâtrales, de cinéma et de photo, les clubs sportifs, pour ne citer que ceux-là.. Car malgré la crise, les habitants du bassin minier n'ont pas à coeur de s'enfermer dans leurs quatre murs. Ils ont plutôt gardé leur caractère sociable, ce qui n'échappe pas à celui qui ne limite pas sa visite du Luxembourg aux régions dites touristiques.

Pour ses paysages aussi, le bassin minier vaut le détour, ces paysages dans lequelles l'homme a forcé la main à la nature. Ces terres rouges,

Gehaansbierg

eine neue, fremde Schönheit zu erlangen, die Schönheit der Arbeit.

Sehenswert ist das Museum, das in der früheren Grube "Waalert" in Rümelingen eingerichtet wurde. Einleitend kann man dort eine Ausstellung mit Arbeitsgeräten aus dem Bergbau besichtigen. Eine kleine Bahn bringt die Besucher dann über 500 Meter tief in den Berg hinein, wo auf zwei Stufen die Arbeit dokumentiert wird. Früherer Holzbau und moderne Ausbaumethoden stehen sich gegenüber. Die Führung machen Männer, die früher selbst im Bergwerk gearbeitet haben.

Mit seinen 25.000 Einwohnern ist Esch-Alzette die zweitgrößte Stadt in Luxemburg und Hauptort der Minettegegend. In 100 Jahren hat sich das bescheidene Bauerndorf zuerst zur Metropole der Eisen- und Stahlindustrie entwickelt, dann zu einem Geschäfts- und Kulturzentrum mit überregionaler Ausstrahlung. Die Escher Geschäftswelt lebt vor allem vom Handel mit Kunden aus dem nahen Frankreich, die kulturellen Einrichtungen wenden sich an ein Publikum, das aus dem ganzen Luxemburger Süden kommt. Neben den gemeindeeigenen Kulturhäusern, Theater, Galerien, Museen und Musikkonservatorium besitzt die Stadt seit einigen Jahren ein für Luxemburg einzigartiges autonomes Kulturzentrum, das in einem früheren Schlachthof eingerichtet wurde. Um Esch herum befinden sich zahlreiche Wanderwege und Sportanlagen ■

can inspect work tools used by miners, by way of introduction. Then a little train carries visitors more than 500 meters under ground where mine extraction is demonstrated on two of the numerous levels of the ancient mine complex. The old method of shoring up with timber is set side by side with modern methods of extraction. The men who act as guides are themselves retired miners.

Located in the heart of the mining basin, Esch-sur-Alzette is the second city of Luxembourg, with some 25,000 inhabitants. In one century, a modest agricultural village became first the metropolis of the iron and steel industry, then a commercial and cultural center for a broad area. The commerce of Esch/Alzette largely depends on its French frontier areas while its cultural infrastructure appeals to a public coming from the entire south of Luxembourg. Beside its public cultural establishments, its theater, art galleries, museums and music conservatory, Esch possesses its own unique cultural center, installed in an old slaughterhouse. All around Esch there are a multitude of promenades and sport fields ■

où le végétal reprend l'avantage sur la machine, gardent une beauté nouvelle et étrange, qui en fin de compte est la beauté du travail.

Une visite du musée installé dans l'ancienne mine "Waalert" à Rumelange se recommande. En introduction on peut voir une collection d'outils des mineurs. Un petit train mène alors les visiteurs à plus de 500 mètres sous terre, où l'extraction minière est présentée sur deux des nombreux niveaux de l'ancien complexe minier. L'ancienne construction de bois et les méthodes modernes d'extraction se côtoient. Les hommes qui guident la visite sont eux-mêmes des mineurs en retraite.

Située au coeur du bassin minier, Esch-sur-Alzette est la deuxième ville du Luxembourg, avec ses quelques 25.000 habitants. En un siècle, le modeste village d'agriculteurs est devenu d'abord métropole de l'industrie du fer et de l'acier, puis un centre commercial et culturel suprarégional. Le commerce Eschois vit en grande partie de frontaliers français tandis que l'infrastructure culturelle s'adresse à un public qui vient de tout le sud luxembourgeois. A côté des établissements culturels publiques, théâtre, galeries d'art, musées et conservatoire de musique, Esch possède un centre culturel autonome unique au Luxembourg, installé dans un ancien abattoir. Autour d'Esch sont aménagées une multitude de promenades et des terrains de sport ■

Esch-sur-Alzette

Luxembourg
Das Großherzogtum / The Grand-Duchy /
Le Grand-Duché
© Editions Guy Binsfeld
14, Place du Parc
L-2313 Luxembourg
Alle Rechte vorbehalten. All rights reserved.
Tous droits réservés.
ISBN 3-88957-078-X

Rédaction: Paul Kieffer
English translation: David Quinlan
Layout: Tiramisú
Photos: Archives Guy Binsfeld
Impression: ISP, Luxembourg
Vertrieb für das Großherzogtum Luxemburg:
Distributor for the Grand-Duchy of Luxembourg:
Diffusion au Grand-Duché de Luxembourg:
Messageries du Livre,
5, rue Raiffeisen, L-2411 Luxembourg

Editions Guy Binsfeld